la maison du Sycomore

MAME

Direction : Guillaume Arnaud
Direction éditoriale : Sophie Cluzel
Édition : Emmanuelle Rivoire-Grimaud

Direction artistique de l'ouvrage : Thérèse Jauze
Direction de la fabrication : Thierry Dubus
Fabrication : Sonia Romeo
Mise en pages : Patrick Leleux PAO

www.mameeditions.com
ISBN : 9782728932238
MDS : MM 32238

Patrick et Hélène Rougevin-Bâville
Julie Chaboud

la maison du Sycomore

Préface de Katia et Nathanaël Gay

MAME

N'ayez pas peur ! Ouvrez, ouvrez toutes grandes
les portes au Christ !

Saint Jean-Paul II

À sœur Miryam, Théophile, Syméon, Joseph, Teresa,
Jean et Nicodème, qui se sont laissés bousculer avec nous
par l'irruption de Louis-Marie dans nos vies.

À Louis-Marie, sans qui rien de tout cela ne serait arrivé.

Préface

Par ce bouleversant témoignage de Patrick et Hélène, nous avons le sentiment d'entrer avec crainte sur une terre sainte : « *Retire les sandales de tes pieds, car le lieu où tu te tiens est une terre sainte*[1]. » Ils nous invitent à entrer dans ce mystère de l'Amour du Père et de sa divine Providence.

Beaucoup de nos contemporains, même chez les chrétiens, ont perdu le vrai sens de la Providence. Quand on parle de la Providence, on peut donner l'impression que tout tombe du ciel, que Dieu agit comme par un coup de baguette magique, selon son humeur. Plus qu'un enseignement, nous recevons ici un témoignage de vie d'une grande simplicité qui vient pourtant briser beaucoup de clichés et d'images négatives, sur Dieu, sur l'Église, la religion et les croyants. Le Sycomore, c'est l'Église aujourd'hui dans notre monde. À l'image de la Sainte Famille de Nazareth, un couple accueille Jésus réellement présent dans l'Eucharistie mais aussi à travers la personne fragilisée par la maladie, le handicap, l'exclusion.

L'œuvre de Dieu se réalise à partir de l'humanité d'Hélène et de Patrick, de leur histoire personnelle, familiale et aussi de leur engagement en couple. Tout au long de leur parcours, tout ce qu'ils vivent, même leurs limites et leurs blessures, le Seigneur va s'en servir pour les façonner, dans la mesure où ils

---

1. Ex 3, 5.

adhèrent à son plan d'Amour, où ils se laissent aimer, où ils laissent Jésus prendre toute la place dans leur vie.

Chaque étape de leur vie, chaque rencontre, à la manière des pièces d'une mosaïque, se met en place providentiellement, certaines avec une évidence déconcertante, d'autres avec plus de difficultés, comme à tâtons. Leur amour sanctifié par le sacrement du mariage en est le ciment, unifie toutes ces pièces et en fait une œuvre de toute beauté offerte à la gloire du Père. À partir de leur « oui » réciproque, à l'image du « oui » de Marie et de Joseph, la fécondité leur est donnée en vue du Royaume et non plus simplement dans les limites de leur foyer familial. C'est la grâce des couples missionnaires !

Le Seigneur n'appelle pas des superhéros, ni des saints tellement parfaits qu'ils nous sont inaccessibles, mais des personnes ordinaires qui font des choses extraordinaires parce qu'elles ont dit « oui » à l'appel de Dieu. « Soyez dans le monde des témoins de l'amour de Dieu : ouvrez votre porte aux malheureux et aux pauvres, qui vous recevront un jour avec reconnaissance dans la maison du Père. » Cette bénédiction, reçue le jour de leur mariage, prend tout son sens. Ce qu'ils ont reçu, ce n'est pas uniquement pour eux-mêmes mais c'est bien pour le redonner à tous ceux qu'ils rencontrent et particulièrement à ceux qui ont soif d'amour. Aujourd'hui où beaucoup pourraient douter de l'Église et de sa pérennité, nous pouvons affirmer : c'est ça, l'Église ! C'est la foi en l'Amour du Père qui fait de nous des fils, qui nous redonne toute notre dignité d'homme et de femme.

Comment Patrick et Hélène ont-ils reçu cet Amour et ont-ils pu en témoigner de cette façon tellement concrète à travers l'œuvre du Sycomore et non pas seulement à travers de belles paroles ? Parce qu'ils ont su se mettre à l'écoute de ce que l'Esprit Saint leur disait à travers les petits, les pauvres, tous ceux qu'ils accueillent dans leur foyer et qui font l'expérience de la miséricorde. Dès le départ, leurs maîtres par excellence ont été Louis-Marie et leurs neveux fragilisés par la maladie. Voilà comment le Seigneur parle aujourd'hui à son Église à travers ceux qui passent par la pauvreté, par les petits et par ceux qui veulent bien leur ressembler.

Devant ce mystère de l'Amour vécu, mis en œuvre à partir de la présence de Jésus et des tout petits, on se sent bien démuni et bien pauvre. On pouvait croire, comme Zachée, que, pour rencontrer Dieu, il fallait monter dans les hauteurs. Jésus voit notre désir et notre incapacité à le rejoindre, il nous invite à descendre avec lui jusque dans notre humanité. Nos blessures offertes sont la porte ouverte à son Esprit Saint, son Esprit d'amour. C'est là l'œuvre de salut. C'est la révélation du mystère de l'Incarnation, tout simplement. « *Père, Seigneur du Ciel et de la terre, je proclame ta louange : ce que tu as caché aux sages et aux savants, tu l'as révélé aux tout-petits*[2]. »

Cette alternance entre l'histoire d'Hélène et de Patrick et l'immersion dans la vie du Sycomore est une illustration de la manière dont Dieu agit concrètement pour que tous les hommes soient sauvés. Il est cette divine Providence qui nous

---

2. Mt 11, 25.

conduits irrémédiablement à travers notre humanité à entrer dans son plan d'Amour et à vivre déjà de sa promesse.

Louis-Marie a tout compris, au-delà des mots, quand il prend la main d'Hélène pour demander la prière de saint Louis-Marie : « Je te choisis aujourd'hui, ô Marie... », ou quand il pose sa tête sur le cœur de Patrick. Parce que c'est là notre Terre promise : entrer et demeurer dans le cœur du Père.

Katia et Nathanaël Gay,
fondateurs du Village Saint Joseph

ADORATION

« Dieu, tu es mon Dieu, je te cherche dès l'aube :
mon âme a soif de toi[3]. »

Le jour n'est pas encore levé. La maison du Sycomore est endormie. Dans le silence de la nuit, on discerne pourtant des bruits de pas feutrés, de portes qui s'ouvrent et se ferment très discrètement. Hélène et Patrick se tiennent à genoux dans la petite chapelle à peine rénovée. Après en avoir délicatement ouvert la porte, Patrick place trois bougies devant le vieux tabernacle découvert dans un grenier pendant les travaux et restauré par leurs soins. Il se recule et regagne doucement sa place auprès de celle qu'il aime et avec laquelle il partage sa vie.

Le Saint Sacrement leur fait face et veille sur cet amour unique.

En lui, le silence est amour. Alors, ils essayent de tout taire en eux pour se mettre à son écoute. Ils s'abandonnent en la présence de Celui qui peut tout. Ils se laissent regarder, consoler, guider, aimer.

Ils lui remettent leurs fatigues, leurs inquiétudes, non seulement pour ceux qu'ils accueillent ici, mais aussi pour leurs enfants, en particulier Jean et Nicodème. Les deux plus jeunes

3. Ps 62.

de la fratrie ont, en effet, parfois du mal à saisir que leurs parents puissent être présents physiquement à la maison et pourtant moins disponibles pour eux qu'avant. Surtout Hélène, leur maman.

Dieu leur envoie son Esprit et bénit leur famille et chacun de leurs enfants.

Ils lui rendent grâce pour le miracle qu'ils vivent au quotidien. Dorothée, l'une des personnes accueillies, présente depuis deux ans, a annoncé hier son départ et a prononcé cette parole à la fois douloureuse mais aussi pleine d'espoir, d'amour et de vie : « J'ai le cœur déchiré de quitter le Village Saint Joseph. »

Au-delà de la peine, ces quelques mots montrent combien son cœur s'est ouvert parmi eux. Ici, elle a appris à aimer et à être aimée.

Le Seigneur inonde leur cœur de paix, de douceur, de patience et de joie.

Ils lui donnent tout, lui remettent tout, surtout leur petitesse et les limites de leur cœur.

Il leur apprend la mesure infinie de son amour.

La chapelle est décorée sobrement mais chaque objet a été choisi avec soin. Un vitrail, réalisé par un ami maître-verrier, représente la victoire de l'Agneau selon l'Apocalypse de saint Jean. Une fresque de la Sainte Famille a été peinte par Katia et Nathanaël comme dans chacune des maisons du Village. On y trouve également le crucifix en bois qui trônait dans la chapelle de la première Communauté de L'Arche et qui leur a été remis après la mort de Jean Vanier.

Au cœur de la petite chapelle du Sycomore, baptisée « Saint Jean le Bien-Aimé », les minutes passent. Le temps s'écoule dans un silence habité, dans un amour qui emporte tout, qui peut tout, qui console tout, qui renouvelle tout.

Au bout d'une heure, quand les lueurs de l'aube apparaissent et que les premiers bruits de ceux qui sont levés commencent à résonner dans la maison, Hélène entonne doucement un chant. À ce signal, Patrick se relève doucement et ferme délicatement le tabernacle devant lequel ils s'inclinent ensemble à nouveau avant de s'en aller tous deux.

Chapitre 1

« J'ai trouvé celui que mon âme désire[4]. »

Je me rappelle précisément le jour et le lieu de notre rencontre : un samedi après-midi, un 1er décembre de l'année 1990, à Versailles. Quelques amis et moi, nous étions convenus de nous retrouver au cinéma puis de dîner dans un fast-food. L'une de mes amies tient absolument à me présenter Patrick – un jeune homme pour lequel elle a le béguin – afin de recueillir mon avis sur lui. Il est roux, les cheveux coupés court à la mode militaire, et tient un casque, car il nous a rejoint avec sa mobylette. Chacun de nous est là avec sa bande de copains.

Patrick me paraît particulièrement galant quand il insiste pour me laisser passer devant lui afin que je prenne place à côté de mon amie, dans la rangée de fauteuils du cinéma. Je me retrouve donc, par la force des choses, malencontreusement installée à côté de lui, sentant mon amie folle de rage pendant toute la séance... Notre amitié commence ainsi à seize ans, autour d'un bon film et d'un cornet de frites. Dans les mois qui suivent, nous nous revoyons fréquemment, toujours pour notre plus grande joie.

Avec ce même groupe d'amis, je pars huit mois plus tard aux Journées mondiales de la jeunesse à Czestochowa.

---

4. Ct 3, 4.

Nous avons la chance d'y être accompagnés par le jeune père Jean-Paul Hyvernat qui nous fait vivre, par sa lumière et sa joie, un pèlerinage extraordinaire. Au cours du séjour, il s'exprime avec véhémence au sujet d'une certaine jeunesse versaillaise qui utilise ce genre d'occasions seulement pour se mettre en couple et ronronner confortablement dans un petit milieu social dont elle ne sort jamais. Une amitié profonde nous unit désormais et nous aimons passer beaucoup de temps ensemble. Patrick et moi nous sentons donc visés par ces propos. Nous allons donc trouver ensemble le père Hyvernat pour lui confier notre amitié et demander pardon si notre attitude lui semble déplacée. Il commence par nous affirmer que ses propos ne nous étaient pas destinés et qu'il n'avait rien remarqué à notre sujet. Puis il nous écoute avec grande attention et bienveillance et bénit le lien qui nous unit, nous encourageant à le vivre dans l'action de grâce et le don et nous assurant au passage qu'il ne croit pas en l'amitié entre une fille et un garçon, à l'adolescence.

Une semaine à peine après notre retour de Pologne, il décède accidentellement au cours d'une randonnée dans les Alpes. La présence de cet homme exceptionnel à nos côtés, notre échange personnel avec lui et son départ soudain enracinent définitivement notre relation naissante.

De la genèse de notre amour, je me rappelle les heures et les heures passées ensemble à parler. Nous avons tant à nous dire ! Nous passons des journées entières à vélo ou à pied, à refaire le monde, à parler de nous, de nos vies, de nos aspirations...

Le parc du château de Versailles n'a plus de secrets pour nous. Et quand vient le moment de nous séparer, une fois rentrés chez nous, nous poursuivons nos échanges à travers des lettres que nous postons au petit matin avant d'aller au lycée.

Nous avons toujours quelque chose à nous dire ou à nous écrire. Tout le temps du monde n'aurait pas suffi à tarir nos échanges.

Dans le cadre de nos activités scoutes, nous participons tous deux à un dîner solidaire servi chez les Petites Sœurs des Pauvres chaque semaine. C'est une vraie joie pour moi de servir chaque semaine ces personnes auxquelles je m'attache, et j'attends avec tant d'impatience chaque mercredi soir pour retrouver mon bien-aimé !

À vingt ans à peine, nous décidons de nous fiancer car nous portons en nous le désir pressant de nous marier. Nous sommes accompagnés spirituellement par un frère de Saint-Jean que Patrick a rencontré au cours de ses études. Celui-ci respecte pleinement notre liberté et nous encourage à prendre le temps de laisser mûrir tranquillement cet amour. Il joue un rôle essentiel dans cette période de discernement, avec discrétion, mais toujours disponible pour nous, malgré ses responsabilités importantes. Grâce à lui, nous prenons le temps et les moyens de nous découvrir et de fonder notre vie commune sur le roc. Il deviendra un ami très cher, bénira notre mariage et baptisera plusieurs de nos enfants. Il nous fait aussi entrer dans le mystère de saint Jean, disciple bien-aimé de Jésus et enfant de Marie. Ces années de fiançailles sont ainsi marquées par notre oblature au sein de la communauté Saint-Jean, prononcée au milieu des frères et sœurs, à Saint- Jodard, lieu du noviciat de la communauté, l'année de nos vingt ans. Cette consécration est, pour nous, un premier engagement à suivre Jésus dans toute notre vie, avec Marie et Jean comme compagnons de route.

J'entame des études d'infirmière. Durant les mois de stage, je me sens vraiment à ma place en tant que présence auprès des patients que je soigne. Je suis particulièrement attirée par la gériatrie. J'aime demeurer auprès de ces personnes, avoir le temps de les soigner, de les aider à se nourrir, les écouter, leur tenir la main, leur parler... Dès mon premier stage, ma tutrice me confie la responsabilité de donner à manger à une vieille dame qui présente des risques importants de fausse route. Je me retrouve auprès d'elle pendant un temps infini à la nourrir d'une sorte de gelée, petite cuillère après petite cuillère. Alors que d'autres auraient pu s'irriter de se retrouver ainsi coincés auprès d'une dame âgée au lieu de courir d'une chambre à l'autre pour prodiguer des soins plus valorisants, je découvre que j'aime être là, sans rechercher l'efficacité. Dans ce métier, ce que j'apprécie le plus, ce sont ces opportunités d'accompagner la fragilité en étant présente et à l'écoute des personnes à soigner.

Une nuit, lors d'un autre stage, alors que je suis de garde dans le service, j'entends un patient m'interpeller car son voisin de chambre est victime d'une hémorragie digestive. Comme je me tiens par hasard dans le couloir, tout près de cette chambre à ce moment-là, je suis la première à découvrir cet homme en train de vomir du sang. Je ne peux rien faire. Mais, comprenant qu'il est près de mourir, je lui prends la main et l'accompagne pour les dernières secondes qui lui restent à vivre. Lorsque l'équipe de garde arrive, il est déjà trop tard. Personne n'aurait rien pu faire pour le sauver. Pourtant j'ai été là, impuissante et démunie, auprès de lui, dans ce passage de la vie à la mort. Dans ma grande pauvreté, je me sens bouleversée et comblée d'avoir pu simplement lui tenir la main.

Pendant les mois d'été, je poursuis un stage avec une amie dans une résidence pour personnes âgées. Nous avons peu de soins techniques à apporter aux résidents de cette maison qui sont tous encore assez bien portants. Afin de rendre notre présence agréable, nous avons l'idée d'animer, à la guitare et en chansons, le temps des repas. Ainsi, nous reprenons, pour la plus grande joie des convives, les standards d'Édith Piaf, de Jean Ferrat et d'autres artistes de leur génération.

Pendant ce stage, nous organisons également pour tous les résidents une sortie en bus de nuit dans Paris. Alors que les monuments illuminés de la capitale s'offrent à leurs yeux, nous reprenons tous ensemble toutes les chansons qui ont bercé notre stage. Cette soirée est un moment magique et hors du temps.

Ces événements me révèlent qu'au-delà de la technique et des soins visibles et quantifiables, en tant qu'élève infirmière, j'ai bien autre chose à apporter aux personnes que je soigne. Et c'est grâce à ce quelque chose d'indéfinissable que je me sens justement à ma place.

Petite, avant d'arriver en région parisienne, j'ai grandi à Rennes, dans une fratrie de cinq filles et un garçon. Je me rappelle que notre maison, située juste en face du foyer Saint Benoît-Joseph Labre – un centre d'hébergement et de réinsertion sociale –, était toujours ouverte aux personnes pauvres et démunies que mes parents accueillaient les bras ouverts. Quand nous rentrions de l'école, il y avait très souvent, attablées à la cuisine et en train de se confier à notre mère, des femmes dans des situations de grande précarité. Notre père avait noué une amitié avec un homme assez marginal qui vivait dans une caravane et qui m'effrayait à cause de son œil de verre. À Noël, nous ajoutions toujours un couvert pour lui au cas où il aurait envie de venir à la maison.

Au cours de ma dernière année d'études, la directrice du foyer L'Espérance[5] dans lequel Patrick vit alors cherche des personnes disponibles pour partager des activités avec les résidents durant le week-end. En acceptant ce premier emploi, je découvre une nouvelle vie qui me touche par sa simplicité. Je me souviens, par exemple, que deux personnes du foyer qui venaient de se disputer violemment pouvaient tout simplement, au bout de deux minutes à peine, se demander mutuellement pardon et tomber dans les bras l'une de l'autre. Je me rappelle combien j'ai été frappée par cette facilité à rebondir après une altercation. Ce foyer et ceux qui y vivent ouvrent alors des portes nouvelles dans mon cœur.

---

5. Foyer de vie pour des personnes handicapées mentales, accompagnées par des étudiants en philosophie.

PETIT DÉJEUNER

« Comme la tendresse du père pour ses fils,
la tendresse du Seigneur pour qui le craint[6] *! »*

Hélène et Patrick traversent, d'un pas rapide et discret, le hall d'accueil de la maison qui, durant les fins de semaine, prend des allures de buvette où tous les visiteurs, promeneurs et pèlerins du Calvaire sont conviés pour partager des crêpes et boire un café.

Ils descendent quelques marches qui les mènent à l'atelier de mosaïque et de cuir au fond duquel une porte s'ouvre sur leur foyer. Ils ne perdent pas de temps car ils disposent seulement de quelques précieuses minutes avant la *Lectio*. Il s'agit de réveiller Nicodème et de prendre le petit déjeuner avec lui. À douze ans, il est le dernier-né de la famille et le seul à vivre encore à demeure avec ses parents. Pendant que Patrick prépare pour sa femme un délicieux cappuccino digne des meilleurs cafés italiens grâce au mousseur à lait qu'il lui a offert pour son anniversaire, Hélène range deux ou trois affaires tout en lançant rapidement une machine à laver. Puis Patrick parcourt à la va-vite quelques courriers urgents en attente. Quand Nicodème est levé et habillé, prêt à petit-déjeuner, ils s'efforcent tous deux de cesser les mille

6. Ps 102.

petites choses à faire et qu'ils remettront irrémédiablement, comme toujours, à plus tard. Ils tiennent à se rendre totalement disponibles pour la demi-heure qu'ils consacrent à leur fils chaque matin. Avec lui, ils parlent de ses entraînements et matchs de foot, de sa vie à l'école du village, de son grand frère Jean scolarisé à Vannes qui lui manque tant et aussi de ses frères et sœurs absents partis étudier ou faire leur vie à Angers, Nantes, Rennes ou encore en Espagne...

Ils essayent de le préserver de leurs soucis même si parfois, avec lui, il est question du Sycomore et du quotidien des résidents.

Mais il est déjà l'heure de repartir. Patrick et Hélène déposent rapidement leurs tasses dans l'évier déjà bien rempli car ils n'ont pas pris le temps, la veille, trop fatigués par leur journée, de faire la vaisselle du dîner. Ils embrassent Nicodème qui, en attendant l'heure de partir à l'école, accompagné de son chat, va tranquillement lire une bande dessinée sur le canapé et ils filent déjà, tous deux, toujours de ce même pas rapide et discret, à nouveau en direction de la chapelle.

Chapitre 2

« La Sagesse est pour l'homme et l'homme est pour la Sagesse[7]. »

Alors que je connais Hélène depuis peu, et que cette amitié commence à devenir déterminante pour moi, une autre rencontre majeure vient marquer de façon indélébile ma jeune existence : je rentre en classe de terminale et je découvre la philosophie.

J'ai la chance immense de recevoir un enseignement extraordinaire de la part d'un professeur qui est un être libre et surtout un amoureux éperdu de la vérité. Le jeune homme que je suis et qui, jusqu'alors, ne savait pas encore précisément quelle direction donner à sa vie, est comme saisi par l'exigence et la quête de sagesse de ce professeur. Je perçois que c'est la philosophie qui m'aidera à poser des choix et à devenir pleinement homme.

Naît alors en moi un désir de me lancer dans des études supérieures de philosophie. Mes parents reçoivent ce souhait avec beaucoup de compréhension et de bienveillance. Il faut dire qu'ils sont merveilleux et très aimants, au cœur des épreuves parfois lourdes qu'ils traversent et de l'incertitude des fins de mois. Bien que j'évolue dans le milieu bourgeois catholique versaillais, je grandis, en effet, dans une famille modeste, et suis le troisième de quatre enfants. Dans cet environnement assez mondain et aisé qui est le nôtre, mes parents, qui ont tous deux

---

7. Louis-Marie Grignion de Montfort, *Amour de la Sagesse éternelle*, 64.

un cœur de pauvre, dénotent par leur simplicité. Leur grande force vient de leur amour conjugal et de leur foi vivante.

À côté d'une famille aimante, j'ai aussi la chance de connaître dans mon enfance et mon adolescence de belles amitiés qui jouent un rôle essentiel dans ma formation. Ainsi, à l'école primaire, je noue une amitié forte avec un camarade de classe, Thibault, atteint de myopathie. En début de classe de CP, malgré son handicap, il peut encore gravir seul les escaliers de l'école. Mais son état se détériorant fortement, au bout de quelques mois, c'est la maîtresse qui le porte sur son dos pour le faire monter en classe, plusieurs fois par jour, sous mes yeux écarquillés et admiratifs. Cette femme-là, outre le fait d'être une excellente maîtresse, n'a pas froid aux yeux et a un cœur immense. Je suis alors fortement marqué par la présence de cet ami différent, avec qui je vivrai de nombreuses aventures et dont la famille m'accueillera très souvent en son sein. Malgré l'éloignement et les années, je suis demeuré lié à Thibault par un lien inexplicable et particulier, jusqu'à son départ prématuré vers le Ciel.

Un peu plus tard, chez les scouts, mon chef de patrouille, Mathieu, devient très vite mon meilleur ami. C'est une vraie tête brûlée qui n'a de cesse de vouloir faire rire la galerie et s'amuser. Alors que j'ai seulement quinze ans et que nous sommes au lycée, un jour, sans crier gare, il m'annonce qu'il se sent appelé à devenir prêtre. Sa vocation, qui paraît profonde et sincère, est un vrai choc pour moi ! Si ce pitre de Mathieu, qui est loin d'être un enfant de chœur, peut se sentir appelé par Dieu, au point de mettre sa vie en jeu, alors c'est pour moi un signe tangible de Son existence. Je suis un peu dérouté par cette annonce inattendue et, au moment où Hélène croise ma route, je suis en train de me poser des questions, moi aussi, depuis quelque temps, sur un appel à une vie consacrée. Je l'envisage alors plutôt dans une forme religieuse faite de silence, d'étude et de contemplation.

Mes parents me font donc confiance, dans mon choix de vouloir entreprendre des études de philosophie, car ils ont compris l'importance que celle-ci commence à prendre dans ma vie. Mon professeur me suggère de me tourner vers le CEPHI – Centre d'Études Philosophiques – créé par un dominicain philosophe, le père Marie-Dominique Philippe, que je ne connais pas. Il propose, non pas de reprendre les conclusions de saint Thomas d'Aquin, comme le fait une certaine tradition thomiste, mais de remonter bien au-delà. Saint Thomas d'Aquin est un théologien lumineux qui enseigne dans un monde chrétien. L'exigence propre de l'intelligence et le monde sécularisé dans lequel nous vivons invitent à chercher à saisir la démarche philosophique qui a nourri la théologie de saint Thomas, en allant puiser à la source grecque de la philosophie, en particulier auprès d'Aristote.

L'enseignement dispensé au CEPHI est organisé de telle manière que les étudiants suivent dans le même temps les cours de philosophie de la Sorbonne. Ce double cursus, qui permet aux étudiants de rester en lien avec la réalité de la philosophie telle qu'elle est enseignée à l'université, m'attire particulièrement. Cette démarche me paraît de nature à combler ma soif de sagesse tout en la nourrissant également du dialogue, nécessaire et fécond, avec les philosophies contemporaines. Je rejoins donc le CEPHI et y vivrai trois magnifiques années de recherche intense et d'amitiés profondes. Je garde une éternelle reconnaissance à ce professeur de philosophie de terminale qui a su éveiller en moi cette soif de sagesse et me guider vers des maîtres.

Alors que je suis plongé dans des études passionnantes, il m'est proposé, dès le début de la troisième année de ma licence de philosophie, de vivre et travailler dans un foyer pour personnes adultes handicapées : L'Espérance. Je pense alors m'orienter soit vers le journalisme, soit vers l'action sociale. L'aventure me tente et l'idée de soulager financièrement mes parents est aussi présente : je réponds donc favorablement à cette proposition. Nous sommes six étudiants en philosophie à partager notre vie, dans ce foyer, avec une quinzaine d'adultes porteurs de handicap mental. Nous sommes très différents, pourtant notre soif commune de vérité et le quotidien que nous partageons auprès de ces personnes fragilisées créent, entre nous six, des liens d'amitié très beaux et vivifiants.

Ainsi, cette première expérience de vie partagée avec les plus pauvres marque à jamais mon existence.

Cette expérience, vécue en partie avec Hélène, contribue à faire grandir notre amour naissant. Après plusieurs années de discernement, nous en sommes maintenant certains : nous voulons vivre de cet amour, nous donner l'un à l'autre et partager toute notre vie ensemble, à la grâce de Dieu. Nous décidons donc de nous fiancer.

Ce passage à L'Espérance m'ouvre aussi sur le mystère de la personne blessée et affermit en moi le désir de poursuivre mes études de philosophie. Je décide d'entrer en maîtrise de philosophie, toujours à la Sorbonne, et de rédiger un mémoire en éthique, sur les finalités de l'agir humain intitulé : « Amour d'amitié et contemplation dans l'*Éthique à Nicomaque* d'Aristote ». Je m'installe pour une année dans le petit village de Saint-Jodard, dans la Loire, où réside le noviciat de la Communauté Saint-Jean. Les cours sont ouverts aux étudiants qui habitent dans le village. Je partage un logement sommaire, seul Français avec six jeunes étudiants albanais, néerlandais, irlandais et polonais. C'est une période d'ascèse mais je vis une expérience extraordinaire ! Je partage dans ce petit village un peu perdu des amitiés magnifiques avec des frères, des sœurs, mais aussi des étudiants parmi la soixantaine venue du monde entier. Je travaille mon mémoire sans relâche, dans le froid, car nous ne disposons que de peu d'argent pour payer nos frais de chauffage. Et je me rends régulièrement à Paris, pour retrouver Hélène et rencontrer mon directeur de mémoire à la Sorbonne.

Je vis cette année un peu comme une grande retraite, avant notre mariage prévu dans l'été. Depuis un an, nous élaborons le projet de partir ensemble, tout jeunes mariés, en coopération au Cameroun, à Batouri, une ville du Sud-Est, proche de la Centrafrique. Il est envisagé que je prenne la direction d'un collège tandis qu'Hélène créera sur place un dispensaire.

Ce projet atypique nous enchante et correspond parfaitement à la vie de jeunes mariés que nous voulons mener. Pourtant, à peine quelques mois avant la date prévue pour le départ, la Délégation catholique pour la coopération (DCC), nous trouvant trop immatures pour ce voyage, annule tout. C'est une déception immense pour nous. Nous jugeons cette décision injuste et prise de manière hâtive, sur la base de l'avis d'une personne qui ne nous a rencontrés qu'une seule fois et ne connaît presque rien de nous. Nous ne sommes pas encore mariés et ce projet auquel nous nous sommes consacrés depuis plus d'un an et qui devait « sceller » notre union tombe brutalement à l'eau. Nous sentons tous deux que nous voulons suivre un chemin fait tout ensemble d'aventure, de foi, de don et de légèreté mais, par ce refus soudain, nous ne savons plus vraiment quelle direction donner à notre vie alors que nous sommes sur le point de nous marier.

PARTAGE DE LA PAROLE

« Il envoie sa parole, il les guérit,
il arrache leur vie à la fosse[8]. »

Il est huit heures et, comme tous les jours, les habitants de la maison se réunissent pour lire et écouter la parole de Dieu. À peine le petit déjeuner terminé, chacun prend place à genoux ou sur les bancs disposés autour de l'autel, dans la chapelle. Croyants ou non, chrétiens ou non, tous sont tenus de participer à ce temps fondateur de la vie de la maison. Chacun est invité à ouvrir son cœur et son esprit autour des lectures bibliques quotidiennes. On attend quelques minutes supplémentaires un ou deux retardataires. Et, quand personne ne manque à l'appel, Hélène entonne un chant pour marquer le début de la rencontre. Puis, une jeune femme d'à peine trente ans, au regard un peu fuyant et sombre dissimulé derrière ses lunettes, se met à lire à voix haute et très distinctement la première lecture. Tous l'écoutent en tenant entre leurs mains une bible pour suivre eux-mêmes le texte.

Quand, de sa belle voix grave, elle termine la dernière phrase de cet extrait du livre des Rois, un profond silence enveloppe

8. Ps 106.

la chapelle. Les bouches se ferment. Les cœurs s'ouvrent. Les minutes s'égrènent... Au bout d'un moment, très timidement, d'une voix douce et hésitante, l'un des résidents prend la parole. Il paraît extérieurement malhabile, physiquement cabossé. En pleine force de l'âge, il déambule pourtant comme un vieillard. Sa bible entre ses mains tremblantes et abîmées, au cœur de cette petite chapelle, son cœur et son esprit révèlent tout à coup pleinement leur beauté. En quelques mots prononcés très lentement et laborieusement, il analyse avec finesse et intelligence ce que ce texte évoque pour lui. La vivacité de son esprit transporte ce texte millénaire au cœur de sa réalité humaine et personnelle. Sous les yeux de tous, l'envol d'un papillon, un véritable instant de grâce.

Celui qui est mis de côté et rejeté dans le monde à cause de son enveloppe extérieure, celui que l'on prend souvent pour un imbécile, celui qui subit tant de moqueries, celui qui est tant méprisé, celui-là, dans le silence de la chapelle Saint Jean le Bien-Aimé, dans l'écoute attentive qu'on lui porte, dans la fraternité que lui témoignent ceux qui l'entourent, celui-là même révèle tout à coup sa grandeur et sa majesté. Comment ne pas alors se sentir soi-même tout petit ?

Les silences alternent avec les interventions de ceux qui ont envie de partager quelque chose d'eux-mêmes sur cette lecture. Ce jour-là, certains ne diront rien mais la Parole travaille en secret dans le silence de leur cœur.

Le jeune séminariste, venu vivre ici pour quelques mois, se met à entonner le psaume en s'accompagnant d'une cithare installée au fond de la chapelle. Malgré les fausses notes et les voix qui décrochent, dans cet humble chant, se révèle mystérieusement une vraie beauté : la beauté des pauvres qui cherchent Dieu.

Puis Patrick, vêtu d'un sweat bleu marine orné de son nom traduit en anglais « Only Red Wine », se lève et, se tenant debout derrière l'ambon, se met à lire l'évangile du jour. Quand il a terminé, chacun médite dans le silence la parole reçue avant de dire à nouveau ce qu'elle éveille en lui.

Tout à coup la porte de la chapelle s'ouvre avec fracas et un immense jeune homme surgit au milieu de tous. Capuche sur la tête, badge de Fratello autour du cou, la tête un peu penchée, Louis-Marie vient étendre sa main si grande sur la tête de chacun des résidents, en sorte de bénédiction, sa manière à lui de dire bonjour en commençant toujours par Patrick qu'il regarde dans les yeux avant de poser son front contre le sien. Ce rituel est bouleversant pour celui qui en est le spectateur. Louis-Marie impose les mains comme s'il venait offrir la guérison. Et, quand il a terminé, il repart en claudiquant et en émettant des sons indistincts en direction de la salle à manger. Sa venue fait l'effet d'un souffle, d'une tornade qui vient secouer chacun. Un éclair de vie et de joie. Une étoile filante qui, déjà, est passée. Par sa seule présence, il ramène à l'essentiel.

Pour terminer, tous ensemble disent la prière écrite par Charles de Foucauld à laquelle ont été ajoutés les sept derniers mots :

Mon Père,
Je m'abandonne à toi,
Fais de moi ce qu'il te plaira,
Quoi que tu fasses de moi,
Je te remercie,
Je suis prêt à tout, j'accepte tout,
Pourvu que ta volonté se fasse en moi,
Et en toutes créatures,
Je ne désire rien d'autre mon Dieu.
Je remets mon âme entre tes mains.
Je te la donne mon Dieu,
Avec tout l'amour de mon cœur,
Parce que je t'aime,
Et que cela m'est un besoin d'amour
De me donner,
De me remettre entre tes mains
Sans mesure, avec une infinie confiance,
Car tu es mon Père, et je suis ton enfant bien-aimé.

Une fois la prière terminée, et avant de quitter la chapelle, les habitants du Sycomore se saluent tous, sans exception, en prenant soin de s'appeler par leur prénom et en souhaitant à chacun une bonne journée. On croirait prendre part à une danse, une sorte de ronde, un rituel étrange puisque chacun prend vraiment le temps de saluer personnellement tous ceux avec lesquels il vit. Mais, dans ces petits moments anodins, ces interstices du quotidien, se devine une fraternité qui s'enracine et qui prend vie.

✤

Chapitre 3

« Les publicains et les prostituées vous précèdent dans le Royaume de Dieu[9]. »

À quelques semaines de notre mariage, Patrick décide d'aller solliciter l'aide de la directrice du foyer L'Espérance. Sensible au désarroi dans lequel nous nous trouvons depuis l'annulation de notre départ pour le Cameroun, elle appelle un ancien moniteur du foyer devenu directeur d'une maison des Apprentis d'Auteuil, située dans l'Oise : la Maison Marcel Callo. Il propose immédiatement à Patrick de venir passer quelques jours dans cette maison qui accueille de jeunes garçons et filles confiés par leur famille ou par l'Aide sociale à l'enfance. À l'issue de ce bref séjour de découverte, le directeur lui propose un poste d'éducateur non diplômé : Patrick accepte très volontiers cette proposition. C'est un monde rude et violent dans lequel il se sent pourtant à sa place. Le jour de son arrivée, dès qu'ils l'aperçoivent dans la cour, tous les jeunes garçons se ruent sur lui, lui demandant sans ménagement : « M'sieur, c'est vous le boxeur ? » Ne comprenant pas bien ce qui se passe, Patrick apprend, quelques instants plus tard, que la visite de Tim Guénard, un ancien délinquant converti, est, en fait, programmée le même jour.

---

9. Mt 21, 31.

La maison est composée d'une dizaine de foyers, tenus chacun par une équipe d'éducateurs, ainsi que d'une école primaire et d'un collège. Le foyer dans lequel Patrick travaille accueille des jeunes garçons qui n'ont aucune solution d'hébergement. Ces gamins sont attachants, pleins de vie mais débordent souvent d'une colère et d'une haine qu'ils ont du mal à contenir et que Patrick subit de plein fouet. Il est souvent pris à partie. Une fois, l'un d'eux le plaque contre le mur, lui serre la gorge en l'invectivant : « Toi, t'as une gueule de pédé ! Ta femme, elle est là pour faire le décor ! » Patrick, qui a tout juste six ou sept ans de plus que ce jeune, est à deux doigts de lui régler son compte. De nombreuses fois, il se demande ce qu'il fait ici et il semble à la limite de claquer la porte. Mais il bénéficie du soutien sans faille d'une équipe formidable qui l'aide à comprendre et à dépasser les crises violentes de ces adolescents. Issu d'un milieu familial aimant, Patrick se confronte pour la première fois à une réalité sociale très difficile. Mais il reste et il tient bon car ces jeunes garçons à vif sont, avant tout, des êtres blessés qu'il apprend à aimer et qui lui montrent quelque chose de cette vérité qu'il cherche ardemment.

Jean-Michel, un jeune adolescent particulièrement violent, se rend chaque semaine avec enthousiasme à la veillée de prières. À la chapelle, Patrick observe qu'il se tient de tout son cœur dans une attitude de prière et de louange. Pendant ces soirées, il est tout donné à Dieu. Sa présence n'est pas feinte comme pourraient le croire certains. Il vient parce qu'il a soif de Jésus. Pourtant, à l'issue de chacune des veillées, dès qu'il a remis un pied hors de la chapelle, il est capable d'insulter et même de tabasser un autre jeune qui croise son chemin. Cette attitude est déroutante. Au début, Patrick ne comprend pas et le juge très durement. Il est inconcevable pour lui qu'on puisse louer Dieu avec autant de ferveur puis, après quelques minutes, s'en prendre aussi violemment à son frère.

Dans sa lettre aux Romains, saint Paul écrit : « *Je ne fais pas le bien que je voudrais mais je commets le mal que je ne voudrais pas*[10]. » À la lecture de ces mots et au contact de ces jeunes écorchés, Patrick comprend progressivement combien le regard qu'il porte sur cet adolescent est moralisateur. Il prend conscience que, comme pour chacun de nous, tout n'est pas ordonné dans la vie de ce jeune garçon. Jean-Michel a le désir de vivre proche de Jésus quand il se trouve à la chapelle et se sent profondément aimé de Dieu. Pourtant, il est en lutte avec la part d'obscurité qu'il porte en lui. Nous sommes d'ailleurs tous engagés dans ce combat mais la différence pour Jean-Michel, c'est que, chez lui, cela se voit de manière plus flagrante que chez d'autres.

Sans en avoir pleinement conscience dans un premier temps, Patrick vit, grâce à ces jeunes garçons cabossés, des expériences fondatrices de notre futur chemin de vie.

Dès que j'obtiens mon diplôme d'infirmière, ce directeur qui a recruté Patrick nous propose de m'embaucher également et de nous confier un foyer de jeunes filles, en nous installant sur

10. Rm 7, 19.

place. Nous voilà donc engagés dans une aventure en couple, vivant au plus près de ces jeunes adolescentes. Notre logement familial est minuscule, mais nous n'y prêtons guère attention. Nous venons d'accueillir notre premier enfant, Marie, suivie de près par la naissance de Théophile. Nous bâtissons notre vie de famille au cœur même de ce foyer, entourés par des adolescentes encore jeunes et qui, pourtant, ont déjà connu des parcours semés d'épreuves. Pour la plupart d'entre elles, elles sont marquées par des maltraitances psychologiques, corporelles et sexuelles. Elles ont une vision abîmée de la famille. Nous sentons que la seule présence d'un couple avec ses jeunes enfants auprès d'elles vient mettre en lumière ce qu'elles n'ont pas connu mais, en même temps, les réconforte et les aide à se reconstruire. Un fait nous touche profondément : malgré les horreurs qu'elles ont parfois vécues, ce sont elles qui nous invitent à nous laisser aller à une légèreté joyeuse et confiante. Elles ont un sens de la fête très prononcé et chaque anniversaire, chaque Noël vécu avec elles sont des moments merveilleux que je n'oublierai jamais.

Bien que nos familles et nos proches nous soutiennent dans ce choix de vivre au cœur même de ce foyer, certaines personnes s'interrogent sur notre présence en tant que jeune couple ici. Au cours d'un déjeuner, un collègue avoue : « Nous sommes bluffés qu'un jeune couple tel que le vôtre soit venu se perdre au milieu de nulle part. » Cette parole nous étonne : quoi de plus naturel, lorsque l'on veut fonder sa vie de famille sur du solide, que de vivre ensemble une aventure à la fois décapante et magnifique ? Au bout de deux ans, au travers des cloisons fines de notre 25 mètres carrés, Marie qui commence à parler entend, un jour, une jeune fille hurler et répète immédiatement, de sa petite voix de bébé, à Patrick médusé : « Nique ta mère ! » C'est, pour nous, le signal qu'il est temps de déménager ! Nous nous installons dans une maison à deux kilomètres du foyer dans lequel nous continuons à travailler, et c'est là que nous accueillons notre troisième enfant : Syméon.

Ces quatre premières années ont été belles mais rudes. Épuisé par des allers-retours quotidiens à Rouen, pendant deux ans, pour obtenir un diplôme d'éducateur spécialisé, et par sa responsabilité du foyer, Patrick est à bout. Nous nous interrogeons à nouveau sur la direction à donner à notre vie et décidons de suivre une retraite tous les deux à Saint-Jodard chez les frères de Saint-Jean, notre famille spirituelle. C'est durant cette retraite que nous décidons de venir nous établir dans ce lieu que nous aimons tant. Nous ne fixons pas de délai mais nous confions ce désir au Seigneur. La réponse ne se fera pas attendre. Une semaine plus tard, c'est une annonce parue dans le magazine *Famille chrétienne* qui nous la donne. Il s'agit d'une offre d'emploi pour un poste de responsable pastoral pour la région Sud-Est des Apprentis d'Auteuil. Patrick postule immédiatement. Tous les critères correspondent à son parcours et l'annonce semble presque avoir été rédigée pour lui ! Pour notre plus grande joie, il est retenu pour le poste. En moins de cinq semaines, nous quittons l'Oise pour venir vivre en famille à Saint-Jodard, ce petit village de la Loire dans lequel Patrick a vécu durant l'année précédant notre mariage. Nous y trouvons providentiellement une maison adaptée pour nous accueillir avec nos trois enfants. Patrick démarre ce nouveau travail qui lui correspond mieux et, après quatre années de pause dans ses études philosophiques, il les reprend avec joie et entame alors un DEA de philosophie à l'université de Lyon.

Nous vivons là des années bénies, proches de ce couvent de formation de la Communauté Saint-Jean. Nous allons régulièrement chez les frères participer à des cours, des offices, des repas ou des fêtes. Des frères, des sœurs et des étudiants qui habitent dans le village viennent souvent chez nous pour des soirées de ciné-débat. Les enfants baignent avec nous dans ce climat joyeux, fervent, studieux et fraternel. Un an après notre arrivée, Joseph vient agrandir la famille. Cette petite tribu me comble, mais j'éprouve aussi le besoin de sortir de la maison. Quelque temps après la naissance de Joseph, je trouve un emploi d'infirmière à Roanne chez les Petites Sœurs des Pauvres. Ce poste est une aubaine pour moi qui n'ai pas encore pu vraiment exercer mon métier dans tous ses aspects. La mère supérieure me guide et me donne confiance en mes compétences professionnelles. J'aime, en plus des soins médicaux que j'apporte, écouter les personnes et les accompagner vers la fin de leur vie, entourées de ces sœurs si données et qui leur ouvrent les portes du Ciel.

Patrick travaille à temps partiel durant ces années et s'occupe des enfants lorsque je vais travailler, en même temps qu'il rédige son mémoire intitulé : « Devenir père : une voie vers la sagesse ? » Il reprend ensuite un plein temps et, outre son poste en pastorale, il effectue des missions au siège des Apprentis d'Auteuil à Paris et donne des cours du soir de philosophie politique au CEPHI. Il retrouve avec bonheur ce lieu qui a tant compté dans sa formation.

Une opportunité s'ouvre à Meudon. Le directeur qui avait embauché Patrick quelques années auparavant le rappelle et lui renouvelle sa confiance en lui proposant un nouveau défi. Il s'agit de mettre en place et de diriger un nouveau service : une plateforme nationale d'accueil téléphonique et d'orientation pour les familles qui se tournent vers les Apprentis d'Auteuil, à la recherche d'une solution pour leur enfant. Patrick accepte avec enthousiasme ce nouveau poste et nous quittons Saint-Jodard, le cœur brisé de quitter cette communauté que nous aimons, mais décidés à vivre une nouvelle aventure.

Désireux de conserver une vie familiale en province, nous nous installons à Vendôme, petite ville située sur la ligne de TGV Paris-Tours. Nous n'y connaissons personne, mais cette destination nous semble concilier nos choix familiaux et professionnels.

Nous sommes rapidement très satisfaits de notre nouveau lieu de vie. Patrick s'épanouit dans son travail et nous attendons notre cinquième enfant. Plusieurs événements assombrissent néanmoins cette période : Syméon, qui n'a pas trois ans, fait presque coup sur coup deux violentes crises d'épilepsie qui restent inexpliquées. Il est hospitalisé à plusieurs reprises et doit subir un traitement lourd. Dans le même temps, on nous annonce que l'enfant que j'attends est présumé porteur d'une trisomie 21. Enfin, quelques semaines plus tard, après s'être battu plusieurs mois contre une leucémie, mon beau-père, qui a toujours eu une santé fragile, décède. Ce départ est vécu dans une certaine paix, et son sourire et sa douceur dans l'adversité nous marquent profondément. Il n'en demeure pas moins que mourir ainsi à 59 ans est mystérieux. C'est une déchirure pour toute la famille.

Ma grossesse est, certes, marquée par ces événements douloureux, mais la joie d'accueillir un nouvel enfant demeure. Malgré la forte pression exercée par le corps médical, Patrick et moi refusons catégoriquement de faire pratiquer une amniocentèse : cet examen pourrait compromettre la vie de notre enfant. Et, même s'il établissait de manière certaine que ce bébé à venir était bien porteur d'une anomalie génétique, nous n'envisagerions pas d'interrompre volontairement cette grossesse. Nous ne savons pas ce qu'il adviendra et nous nous sentons bien incapables et fragiles, mais nous nous tenons tous les deux prêts à accueillir cette vie, sans condition.

RÉUNION DU MATIN

« Il compte le nombre des étoiles,
il donne à chacune un nom[11]*. »*

Tous les habitants de la maison sortent de la chapelle pour se réunir à nouveau dans l'entrée du Sycomore, aux allures de café de village avec son comptoir en Formica, ses quelques petites tables et ses chaises de bistrot.

Nicodème arrive, cartable sur le dos, prêt à partir à l'école. Ce ne sont pas alors seulement son père et sa mère qui lui souhaitent une bonne journée, mais une dizaine de personnes qui prennent toutes soin de le saluer, d'échanger quelques mots ou quelques blagues avec lui. Étant l'unique enfant de cette maison pendant la semaine, Nicodème tient vraiment, ici, une place à part.

Tous échangent des nouvelles puis, quand le calme s'installe, l'organisation de la journée peut commencer.

Sur un grand tableau accroché au mur, Hélène et Patrick répartissent les rôles de chacun. Plutôt que d'énoncer, une à une, les différentes tâches du jour, Patrick interpelle chaque résident

11. Ps 146.

par son prénom, un peu comme le prophète Isaïe : *« Je t'ai appelé par ton nom, je t'ai donné un titre*[12]. » À son appel, chacun énonce l'atelier du matin et de l'après-midi auquel il souhaite participer (jardin, cuir, mosaïque, menuiserie, pain, crochet, chapelets...) en plus des services attribués pour la semaine : feu, poules, moutons, lapins, serres, poubelles...

Celui qui est appelé peut aussi faire le choix, s'il en a envie ce jour-là, de passer sa soirée dans la solitude, et ne pas être tenu de participer au dîner. Chacun a droit à une « soirée de désert » par semaine. La vie communautaire exigeante qu'ils partagent ici a montré l'importance d'une telle soirée. Ce soir-là, celui qui est « en désert » dîne seul à l'heure voulue, peut se coucher tôt, lire ou prier dans le silence et la solitude de sa chambre.

C'est également le moment de compter combien d'invités seront là pour le déjeuner afin d'ajuster les quantités de nourriture prévues. Il y a toujours des bénévoles, des gens de passage, des amis et il est rare qu'il y ait moins de quinze personnes autour de la table.

Le responsable du repas de midi est également, durant toute la journée, « ange gardien » de Louis-Marie. Il doit veiller particulièrement sur lui tout au long de la journée : le servir à

12. Is 45, 4.

table, savoir où il se trouve, aller se promener avec lui, prendre du temps pour contempler ensemble les moutons...

Pour cuisiner les menus élaborés par Hélène en véritable mère de famille chaque semaine, le jardin constitue la principale ressource. En fonction du repas prévu, on rappelle au cuisinier du jour où sont plantés les légumes qu'il va aller ramasser au potager. Ce jour-là, quand Hélène énonce le menu confectionné encore une fois à base de poireaux, betteraves, potimarron, céleri, les blagues fusent. Cela fait trois mois que les résidents dégustent ces légumes sous toutes leurs déclinaisons possibles sucrées ou salées, en gratin, en salade, en confiture ou en purée... Au Sycomore, les fruits et légumes printaniers sont attendus comme le Messie !

Quand le prénom de chacun a été appelé, et que chaque résident a choisi la pierre qu'il souhaitait apporter à l'édifice du jour à venir, se sentant alors reconnu et aimé, dans un grand élan du cœur, ensemble et à voix haute, ils disent :

Notre Père qui est aux cieux,
Que ton nom soit sanctifié,
Que ton règne vienne,
Que ta volonté soit faite sur la terre comme au ciel.
Donne-nous aujourd'hui notre pain de ce jour.

Pardonne-nous nos offenses
comme nous pardonnons aussi à ceux qui nous ont offensés.
Et ne nous laisse pas entrer en tentation
mais délivre-nous du mal.

✤

Chapitre 4

« Ne fondez rien sur vos misères : chez vous,
rien n'est fort, rien n'est grand[13]. »

À la naissance de Teresa, nous sommes heureux mais fébriles. Dès que nous remarquons ses yeux en amande, nous avons la certitude que notre fille est bien porteuse de la trisomie 21 annoncée par les médecins au cours de la grossesse d'Hélène. Même si nous sommes prêts à vivre cette aventure ensemble, à accueillir l'inconnu, nous sommes un peu inquiets de ce qui nous attend. Tout le temps du séjour d'Hélène à la maternité, les médecins ne nous adressent presque pas la parole. Leur silence ne fait que renforcer notre conviction. Pourtant, au bout de trois jours, avant qu'Hélène ne rentre à la maison, l'un des pédiatres du service nous informe que Teresa est en pleine forme, sans pathologie particulière et encore moins une anomalie génétique. Cela était d'ailleurs évident pour eux tous depuis sa naissance ! Nous sommes abasourdis et incrédules. Nous n'éprouvons même pas un soulagement immense en apprenant cette nouvelle que nous n'attendions plus. Nous avons surtout l'impression d'avoir été malmenés dans cette page si intense et intime de notre vie de jeunes parents.

C'est alors que, quelques semaines plus tard, je m'effondre. Un beau matin, sans prévenir, je ne peux plus me lever ; la seule

---

13. Louis-Marie Grignion de Montfort, *Cantiques*, 7, 25.

idée de devoir monter dans le TGV pour aller travailler me tétanise. L'accumulation de tous les événements de ces derniers mois a eu raison de moi : je craque. *Burn out* ? Dépression ? Le fait est que je ne me sens capable de rien. Vide. C'est une expérience personnelle douloureuse et profonde. Je touche du doigt ma vulnérabilité. J'apprends à mes dépens que je ne peux pas tout endurer, que je suis un homme qui porte aussi en lui une part de fragilité. La seule activité que je parviens à pratiquer est l'entretien de notre jardin, en particulier la taille des rosiers. Là, dans le silence et au contact de la nature, à mon rythme, je me sens reconnecté. Mais je suis persuadé que je ne pourrai pas reprendre d'activité professionnelle. Sortir de chez nous, c'est affronter un monde qui m'effraie. Tout me semble insurmontable, hors de ma portée.

À notre arrivée à Vendôme, nous avions tissé des liens d'amitié avec un couple du même âge que nous, Hélène et Thomas. Dans l'épreuve que je traverse, je découvre en Thomas un ami fidèle et présent. Un jour, me sachant au plus mal, il débarque chez nous sans prévenir au volant de sa 2CV, me tire de l'état fantomatique dans lequel je me trouve et m'emmène déjeuner au restaurant. Je dois me faire violence, mais cette preuve d'amitié a un effet déclencheur chez moi : entouré, je peux reprendre vie, et j'y trouve même goût. Une autre fois, son épouse et lui proposent de garder tous nos enfants afin que nous puissions partir en week-end Hélène et moi. Un cadeau inestimable ! Après quelques semaines d'arrêt maladie et l'ajustement d'un traitement, je me relève peu à peu et reprends le chemin du travail. Je suis aidé en cela par un cousin, Xavier, qui effectue le même trajet en TGV de Vendôme à Paris tous les jours. Il accepte de m'accompagner dans les premiers temps de ma reprise. Cette présence gratuite et bienveillante de Thomas puis de Xavier aura été pour moi salutaire. Nul ne peut mesurer l'ampleur de l'effet provoqué par l'affection d'un ami dans le cœur d'une personne éprouvée.

Un an plus tard, désireux de mener à bien la mission qui m'a été confiée et d'acquérir de nouvelles compétences, j'entreprends une formation de directeur d'établissement social et me rends une semaine par mois en Vendée pour cela. Aidé de quelques amis, je me lance aussi dans une campagne politique aux élections cantonales de Vendôme. Le résultat est certes insuffisant, mais suffisamment honorable pour pouvoir compter dans le paysage local lors des élections municipales suivantes et être élu conseiller municipal.

À l'issue de l'élection présidentielle remportée par Nicolas Sarkozy, Christine Boutin, nouvellement nommée ministre du Logement et de la Ville, me propose de la rejoindre dans son cabinet ministériel. Elle souhaite s'entourer d'acteurs de terrain. Il s'agit, aux côtés notamment du père Jean-Marie Petitclerc, prêtre salésien et éducateur spécialisé, de mettre en œuvre la politique des banlieues annoncée par le président de la République dans sa campagne. C'est un monde totalement nouveau qui s'ouvre à moi. J'ai conscience que, pendant cette aventure, notre vie familiale risque d'être malmenée. Et, comme toujours pour les choix importants de notre vie, je me tourne vers Hélène pour que nous prenions ensemble la bonne décision. Elle me soutient dans ce projet un peu fou et je réponds oui. La semaine suivante, en route pour mon travail, je reçois un coup de téléphone m'informant que je suis attendu au cabinet du ministre dès le lendemain à 9 heures du matin ! Je suis un peu pris de court par la vitesse à laquelle les choses se mettent en place. Je n'ai même pas eu le temps de prévenir mon patron… Quand je lui explique l'opportunité qui s'offre à moi, non seulement il m'encourage mais s'engage, en outre, à me confier une nouvelle mission dès mon retour, si je le souhaite. C'est donc dans une grande sérénité d'esprit et sous les meilleurs auspices que j'entame alors cette aventure ministérielle qui durera deux ans.

Cette expérience est, pour moi, l'occasion de m'ouvrir à de nouvelles réalités. La ministre pour laquelle je travaille veut impulser une politique de la ville novatrice. Elle ne veut pas concentrer les regards et les énergies uniquement sur les quartiers défavorisés, mais repenser l'équilibre entre les cœurs de ville et les quartiers périphériques. C'est la première fois qu'un ministre de la Ville aborde sa mission dans ce sens. Je travaille alors en lien avec l'Ordre national des architectes, de nombreux urbanistes, sociologues, acteurs sociaux et associatifs afin de bâtir ensemble cette vision renouvelée de la politique de la ville. Je côtoie de tout dans les salons feutrés des ministères, le meilleur comme le pire de l'être humain. Je rencontre des personnes extraordinaires, complètement dévouées et d'autres dont les dents aiguisées rayent les parquets cirés des palais de la République, prêtes aux pires manœuvres pour arriver à leurs fins.

Je suis également mobilisé pour la mise en œuvre et la coordination de l'hébergement d'urgence en Île-de-France. Alors que nous vivons deux hivers particulièrement froids, je découvre, non sans effroi, un univers morcelé dans lequel chacun défend son pré carré au détriment de tous ceux qui dorment dehors. Les moyens humains, matériels et financiers sont là mais il règne sur le terrain une mésentente et une désorganisation entre les acteurs institutionnels. Il est tellement plus complexe et ambitieux de fédérer des hommes que de signer des chèques ! Les missions que nous menons sont difficiles mais exaltantes. À la maison, mon absence commence à peser. Je prends le dernier TGV pour rentrer à Vendôme ou alors je reste dormir à Paris, ce qui m'arrive de plus en plus souvent.

Conscients que nous traversons une période particulière pour notre couple, nous avons instauré l'habitude de faire garder les enfants chaque vendredi soir pour une sortie en amoureux. Nous profitons de ce moment de calme après une semaine trépidante pour nous balader, prier et dîner ensemble. À chaque fois que notre vie a été secouée, nous avons toujours cherché à privilégier notre lien marital, quels qu'en soient le coût et les exigences. Notre « amitié conjugale » est et demeurera, pour nous, toujours première. C'est aussi elle qui nous pousse sans cesse à entreprendre des projets parfois insensés et à relever des défis *a priori* impossibles.

Je suis très souvent absent et c'est Hélène qui tient, pour un temps, le gouvernail de notre vie de famille. Les enfants sont tous scolarisés, à part notre petite Teresa, si douce et facile. À Vendôme, Hélène bénéficie d'un réseau de familles qui l'entourent et l'aident au quotidien. C'est au tout début de cette période qu'elle met au monde Jean, notre sixième enfant.

Après deux années d'une aventure ministérielle trépidante, lors d'un remaniement, la ministre qui m'emploie est remerciée du gouvernement. Je reprends alors un poste à temps partiel auprès de la Direction générale des Apprentis d'Auteuil. Ma mission est d'impulser une stratégie de communication d'influence pour la Fondation : tisser des réseaux, développer des partenariats pour faire entendre la voix des jeunes et des familles. Entre-temps, j'ai attrapé le virus de la politique et me suis engagé auprès de Christine Boutin dans le parti politique qu'elle a créé et qu'elle préside. Je conjugue donc mon activité aux Apprentis d'Auteuil avec la fonction de délégué général du Parti chrétien-démocrate. Cette mission passionnante et polyvalente, dans un parti aux modestes moyens, me donne l'occasion de plonger dans toutes les dimensions de l'engagement politique, de l'élaboration du projet au pilotage de campagne en passant par la stratégie, la communication, le développement et l'animation du réseau, la formation des cadres et des candidats, les relations avec les élus, les négociations, la recherche de fonds, etc. Cette mission est, de toutes celles que j'ai menées jusque-là, celle qui me comble le plus. Le fait de la mener auprès de Christine Boutin n'est pas étranger à cet enthousiasme. Je suis, en effet, le témoin privilégié de l'engagement total de cette femme courageuse et à la foi ardente, dont l'action auprès des plus fragiles est sans faille.

En 2011, lorsqu'elle décide de se lancer dans la course à l'élection présidentielle, elle me confie le rôle de directeur adjoint de sa campagne. Encore une expérience décoiffante ! Pendant près d'un an, cela nous mène à la rencontre de Français de conditions différentes et me met face aux souffrances de tant de nos concitoyens. Lorsqu'elle conclut une alliance avec Nicolas Sarkozy en février 2012, je me dédie alors entièrement au Parti chrétien-démocrate pour piloter les élections législatives auxquelles nous présentons cent-vingt candidats sur toute la France. Je me porte moi-même candidat dans le vendômois. Pendant toute cette année-là, je me suis mis à nouveau en congé des Apprentis d'Auteuil, avec l'intention de poser ensuite un choix définitif entre la politique et la poursuite d'un parcours professionnel.

En effet, cela fait maintenant cinq ans que je me consacre sans réserve à l'aventure politique. Cet été-là, nous passons enfin un mois entier en famille en vacances à la campagne. Je savoure le temps passé auprès d'Hélène et de nos sept enfants. Nicodème, notre dernier-né, qui a déjà plus d'un an et que je n'ai pas beaucoup vu grandir, reste constamment agrippé à moi. Grâce à lui en particulier, je prends conscience de la nécessité de poser des choix qui découlent de mes priorités : ma femme et mes enfants. De même, je veux garder pied dans la réalité du secteur professionnel qui est le mien. Je ne veux pas devenir, avec le temps, comme trop d'hommes politiques que j'ai croisés : déconnecté des réalités professionnelles et familiales. Hors sol. Coupé de la réalité de la vie, tout simplement. Le choix est difficile, mais je me dis qu'il sera toujours temps de revenir en politique un jour, si je le souhaite. Pour l'instant, je dois reconnaître que, si c'est un juste combat de promouvoir la famille en politique, il est, pour moi, primordial de prendre soin de la mienne. Je ne veux pas me réveiller dans dix ans sans avoir entretenu la flamme de notre couple, ni vu grandir nos enfants. À l'issue de ces congés, je décide donc de cesser définitivement, quelques mois plus tard, tous mes engagements en politique, pour me consacrer à l'essentiel : Hélène, nos sept enfants et mon travail.

C'est sans regret mais avec un pincement au cœur que je tourne la page de ces années de vie politique. Cet engagement m'aura donné l'occasion de tant de belles rencontres et de combats ardus ! Aussi étonnant que cela puisse paraître, il aura aussi nourri et fait grandir ma foi, car il invite sans cesse à œuvrer au plus juste, tout en se remettant entièrement dans les mains du Seigneur.

On me propose alors de prendre la direction de l'une ou l'autre de deux régions françaises pour les Apprentis d'Auteuil : Rhône-Alpes ou Bretagne. Afin de nous rapprocher de deux sœurs d'Hélène, établies en Loire-Atlantique, nous faisons le choix assez évident de la Bretagne. Elles ont en effet plusieurs enfants porteurs de handicaps et nous nous demandons depuis longtemps comment être davantage présents auprès d'elles. Nous n'avons pas de réponse claire, mais nous rapprocher géographiquement sera de nature à faciliter les choses. Après dix années à Vendôme, nous quittons cette ville et les amis très chers que nous y avons rencontrés, et nous emménageons à Vannes.

AU TRAVAIL

« *Apprends-nous la vraie mesure de nos jours :*
que nos cœurs pénètrent la sagesse[14]. »

Quand la répartition des tâches est achevée, après avoir récité ensemble le *Notre Père* et s'être signé de la croix, chacun part vaquer à ses occupations.

Éric, le plus âgé des résidents, va se saisir nonchalamment, dans le hall d'entrée, d'une paire de bottes et d'une veste imperméable pour aller cueillir les légumes du jour au potager. La barbe hirsute et grisonnante, les cheveux blancs en bataille, la silhouette longiligne et élancée parée d'une fine écharpe de coton un peu défraîchie autour du cou, Éric a des allures de « zadiste » ou de berger du Larzac. Une fois dehors, avant de commencer sa cueillette, il prend le temps, comme chaque matin, de se rouler une petite cigarette qu'il fume tranquillement en contemplant le paysage. La propriété, située en bordure du calvaire, s'ouvre sur des champs et des marais à perte de vue, véritable écrin de nature, de calme et de beauté. Les rayons du soleil dessinent des éclats rosés dans le ciel d'hiver. S'envolant des arbres centenaires, une multitude d'oiseaux migrateurs virevoltent ensemble dans le ciel en un spectacle majestueux,

14. Ps 89.

véritable ballet orchestré. Leur chant commun puissant rompt le silence alentour et la quiétude du petit matin.

Éric, être solitaire et silencieux, animé plutôt par des idées anticléricales et anarchistes, a mystérieusement trouvé sa place ici puisqu'il vit paisiblement au Sycomore depuis sa création. Après un divorce douloureux, seul dans son appartement exigu, au cœur d'une grande ville, Éric a souffert d'une profonde dépression qui a failli mettre sa vie en péril. Il rêve parfois de partir vivre seul, dans une yourte, au milieu de la forêt. Aujourd'hui, le Sycomore lui procure tout ce dont il a besoin. Et puis, même si sa nonchalance irrite parfois, sa présence calme, sage et tranquille est un vrai baume pour ceux qui vivent ici.

Tout à coup, le chorus des oiseaux est accompagné par une musique et des voix qui s'élèvent depuis l'atelier de mosaïque. Dans cette salle baignée de lumière, la palette qu'offrent les émaux est déjà une œuvre d'art pour le regard. Sur une immense table qui traverse l'atelier de part en part, des bocaux transparents sont remplis de petits carreaux de céramique multicolores qui offrent une variation infinie de nuances, de tons et de couleurs. La beauté et la noblesse de ce matériau, si bien mis en valeur ici par la blancheur environnante, sont une invitation à la création et procurent à tous l'envie de faire du beau.

Tout en chantonnant, les mains agiles ou maladroites, fines ou massives, délicates ou calleuses, se saisissent des petits carrés colorés choisis avec soin, qu'elles cassent à l'aide de grosses pinces japonaises. Chaque émail est alors fractionné en une multitude de tesselles aux formes variées : cercle, triangle, rectangle, losange, carré... Puis chaque fragment est minutieusement disposé à l'aide d'une pince sur un motif dessiné au fusain sur une plaque de bois. Certains ont reproduit un motif de la Sainte Famille, une croix, un poisson, un cœur ou des mandalas qui serviront à réaliser un bougeoir, une fresque ou un dessous de plat. Une fois agencées et collées une par une, les tesselles sont recouvertes d'un enduit. Quand celui-ci est sec et nettoyé, la multitude de fragments apparaît alors unifiée. Et le motif prend vie. Son créateur, qui s'était attardé jusque-là sur chacun des fragments, voit soudain l'ensemble se révéler à lui. Sa patience et sa persévérance sont récompensées. Il se sent gratifié d'avoir créé du beau. Son objet sera mis en vente dans la petite vitrine située à l'entrée de la maison. Le travail qui a été très souvent un lieu de souffrance, de blessures profondes, de mépris, d'exclusion, d'humiliation, devient au Sycomore source de fécondité. L'efficacité n'étant pas la finalité recherchée, chacun se sent à nouveau capable d'être utile. Ici, chacun est appelé à faire de son mieux avec ce qu'il est. Et, se sentant gratifié par le travail qu'il vient d'accomplir, chaque habitant de la maison peut consentir, petit à petit, à sa propre réalité. Et à sa propre fécondité.

Chapitre 5

« Je vais l'entraîner jusqu'au désert, et je lui parlerai cœur à cœur[15]. »

À la naissance de trois de mes neveux qui présentent tous un retard de développement, nous découvrons douloureusement que ma famille est touchée par une maladie génétique héréditaire rare appelée « syndrome du X fragile ». Il s'agit d'un handicap mental, transmis par la mère, qui affecte de manière plus grave les garçons. Au moment de la naissance de nos premiers enfants, nous apprenons que deux de mes sœurs sont porteuses de ce syndrome. Nous saurons plus tardivement qu'il ne m'a pas affectée. Cette annonce a l'effet d'un tsunami dans notre famille nucléaire et élargie puisque, dans la fratrie de notre mère, six enfants sur onze sont porteurs de cette hérédité. Ma sœur aînée, Agnès, mettra au monde trois garçons dont les deux aînés sont atteints par ce handicap ; ma seconde sœur, Édith, aura quatre enfants, dont les trois aînés sont également touchés.

Patrick et moi, bien qu'épargnés directement par cette épreuve à laquelle deux de mes sœurs et nombre de mes cousins et cousines doivent donc faire face, sommes interpellés dès le début de notre mariage par la fragilité, le handicap et la différence. Étant infirmière et Patrick travaillant dans le secteur social, nous tentons, tant bien que mal, de leur apporter un peu de notre soutien.

---

15. Os 2, 16.

Lorsque nous venons vivre en Bretagne, mes neveux ont grandi et sont devenus de jeunes adultes. Louis-Marie, alors âgé de vingt ans, le deuxième de la fratrie de ma sœur Édith, se retrouve sans solution d'accueil. Je sens depuis quelques temps dans le fond de mon cœur comme un appel à me rapprocher de mes sœurs pour les soutenir. Et ce nouvel emploi de Patrick en Bretagne est alors une véritable aubaine. Je quitte Vendôme et mes engagements bénévoles pour la paroisse, le scoutisme, l'école... À notre arrivée à Vannes, je ne souhaite renouveler aucun de mes engagements, du moins dans un premier temps, afin de me rendre totalement disponible pour nos enfants et de nous laisser le temps de discerner comment être présents auprès de mes sœurs et de mes neveux. Je rencontre pourtant sur mon chemin la présidente de l'association La Tilma qui accueille des femmes enceintes en précarité. Elle cherche une bénévole pour s'occuper du suivi médical de ces femmes et me propose de m'en occuper. Après lui avoir répondu plusieurs fois par la négative, ne me sentant pas capable d'endosser ce rôle, je lui dis finalement oui et m'apprête alors à vivre, sans le savoir, l'une des plus belles aventures humaines de ma vie. Je partage le quotidien de ces femmes et les accompagne à leurs rendez-vous médicaux. Alors que je suis venue à leur rencontre pour leur apporter mon temps, mon écoute, ma présence, ma compétence, c'est l'inverse qui se produit : je me trouve totalement transformée par elles. J'accompagne, entre autres, une jeune femme victime de réseaux de prostitution : par sa foi, sa force et sa joie, elle renouvelle la femme que je suis. Bientôt, la révolution que je vis personnellement rejaillit sur notre famille. Un vendredi soir, alors que je suis au chevet d'une jeune femme atteinte d'une maladie du sang et que je m'apprête à la quitter et à fermer la porte de sa chambre derrière moi, je m'interroge brusquement : « Va-t-elle passer le week-end toute seule ? » Cette question toute simple va ouvrir grand les portes de mon cœur et de notre maison. Pendant la même période, nous quittons notre maison de Vannes pour emménager dans un manoir immense en pleine campagne, au cœur de la forêt, à une vingtaine de kilomètres de Vannes. Nous menons là, selon nos critères du luxe véritable, une vraie vie de château : l'hiver, nous nous gelons mais nous pouvons accueillir à bras ouverts les jeunes femmes de La Tilma, nos familles et bientôt mon neveu Louis-Marie. Celui-ci n'a pas pu rejoindre, comme ses parents l'auraient souhaité, un foyer de L'Arche en raison de la lourdeur de son handicap.

Les printemps et les étés que nous passons tous ensemble, là-bas, sont merveilleux. Nous vivons au cœur d'une nature magnifique, entourés de nos moutons, de nos poules et de nos lapins. Prendre son petit déjeuner chaque matin sous des pins splendides dans lesquels jouent des écureuils et à quelques dizaines de mètre d'un étang où viennent s'abreuver chevreuils et hérons a quelque chose de paradisiaque. Nous vivons un bonheur pur et simple, dans cette maison que nous essayons de rendre largement ouverte à nos familles et à nos amis, et nous avons la certitude d'avoir trouvé le trésor de notre vie.

Alors que j'avais vécu jusqu'à présent loin d'elles, je me rapproche de mes sœurs et mesure la complexité de leur vie quotidienne et la difficulté de faire grandir des enfants différents dans ce monde bien souvent indifférent ou hostile. Je consacre chaque semaine une journée pleine et entière à ma sœur Édith et à ses enfants. Ils viennent alors de vivre une épreuve terrible : leur maison a été presqu'entièrement détruite par un incendie. Leur famille a trouvé refuge pendant deux ans au séminaire grâce à l'évêque de Nantes. Je viens auprès d'Édith pour l'accompagner dans de multiples démarches, mais aussi et surtout pour partager simplement du temps ensemble. Ce temps régulier vécu toutes les deux nous lie et nous unit.

Cet été-là, Patrick et moi devons nous rendre à Madagascar pour rejoindre un chantier solidaire mené par des jeunes des établissements de Bretagne des Apprentis d'Auteuil. Quarante-huit heures avant le départ prévu, une grève du transport aérien nous empêche de partir. Notre vol est annulé. Il n'y a aucune solution alternative pour nous rendre comme prévu là-bas. Nous nous retrouvons, seuls, tous les deux, sans enfant, sans engagement pour une semaine. C'est si rare, depuis que nous sommes parents !

Nous sommes un peu pris de court. Nous étions censés nous envoler pour un chantier solidaire et, même si l'idée nous effleure un instant, nous n'allons quand même pas partir tous les deux au Club Med ! Comment allons-nous utiliser ce temps précieux dont nous disposons ? Nous sommes alors loin de nous douter que l'idée de voyage qui va germer en nous va donner une direction si forte à notre vie...

LA RUCHE

« *Tu te nourriras du travail de tes mains. Heureux es-tu ! À toi, le bonheur*[16] *!* »

Alors que, derrière les portes vitrées de l'atelier, Patrick profite du peu de temps qu'il a pour mener à bien une montagne de tâches administratives, à une table voisine, des étoffes de cuir sont découpées, cousues puis marquées du sceau du Sycomore afin de confectionner des porte-cartes, des porte-clés ou des porte-monnaies qui seront, eux aussi, mis en vente dans la vitrine.

Dans le hall d'entrée, installé à une table bistrot face à son ordinateur portable, écouteurs sur les oreilles, Benoît, le jeune séminariste, paraît plongé dans la retranscription d'une conférence qui a eu lieu au Sycomore, lors d'une halte spirituelle organisée chaque mois et ouverte à tous : les Rencontres de Zachée.

À la cuisine, Jean-Marie, un très grand jeune homme taiseux d'une trentaine d'années, s'attelle à la confection du pain tandis qu'Hélène, assistée de Kilian, s'active vigoureusement au lavage, à l'épluchage et au découpage des légumes du potager.

Au fond du jardin, au-delà du poulailler et du champ où paissent paisiblement les moutons, l'atelier de menuiserie

---

16. Ps 127.

s'anime lui aussi. Sous le regard d'une immense statue en bois de saint Joseph qui trône à l'entrée, Gaëtan et Éric achèvent l'assemblage d'un ambon en chêne massif qui prendra place dans la chapelle. Une fois terminé, ils le marqueront au ciseau à bois des symboles de l'Alpha et de l'Omega.

Toute la maison, pendant ces quelques heures, ressemble à une véritable ruche, chacun étant pleinement investi dans la tâche qu'il a choisie. Ces personnalités si différentes, au fardeau parfois si lourd, parviennent à trouver ici leur place. Malgré les troubles psychiques, les addictions, la dépression, la bipolarité, le handicap dont souffrent ceux qui vivent ici, le travail s'organise miraculeusement dans la quiétude, la légèreté et la joie.

Louis-Marie évolue d'une pièce à l'autre, un peu comme le superviseur de cette micro-entreprise atypique et bien huilée. Sa déambulation s'arrête subitement, quand il s'attarde sur un détail qui accroche son regard. Puis, il repart soudain on ne sait où, ni même pourquoi, de son pas lourd et décidé. Arrivé dans la cuisine, il saisit la main d'Hélène au-dessus de l'évier comme pour l'entraîner vers le garde-manger. Ici, on a pris le temps de parler son langage. Alors, à ce signal, Hélène comprend immédiatement sa demande. Elle s'arrête un instant, essuie ses mains contre son tablier à fleurs. Puis, en saisissant délicatement les mains de son neveu entre les siennes, elle se met à réciter à voix haute la prière de saint Louis-Marie Grignion de Montfort affichée sur la porte du cellier.

Je vous choisis aujourd'hui,
Ô Marie,
en présence de toute la cour céleste,
pour ma mère et ma reine.
Je vous livre et consacre,
en tout amour et en toute soumission,
mon corps et mon âme,
mes biens intérieurs et extérieurs,
et la valeur même de mes bonnes actions,
passées, présentes et futures,
vous laissant un entier et plein droit
de disposer de moi
et de tout ce qui m'appartient,
sans exception,
selon votre bon plaisir,
à la plus grande gloire de Dieu,
dans le temps et l'éternité.

Une fois la prière achevée, Louis-Marie a des étincelles dans les yeux : il dodeline de la tête durant quelques secondes et repart à sa flânerie.

Il est déjà l'heure de la pause. Le respect des horaires est primordial pour les résidents de cette maison. À 10 h 15 précises, on entend déjà sonner la cloche ! Tous les habitants du Sycomore sont instantanément présents autour de la cafetière et de la bouilloire à thé. Patrick et Hélène achèvent de préparer ensemble l'entretien qu'ils auront dans l'après-midi avec l'une des personnes accueillies, puis ils rejoignent la maisonnée réunie dans la salle à manger pour partager ce temps fraternel.

Chapitre 6

« Quand je suis en voyage, mon bâton à la main[17]. »

Face à l'annulation inopinée de notre voyage, nous retrouvant sans enfant pour une semaine, un choix un peu fou s'impose à nous très rapidement : et si nous profitions de ce temps libre pour partir marcher sur les chemins de Saint-Jacques-de-Compostelle ? Cette idée nous trottait dans un coin de l'esprit depuis longtemps, mais nous n'étions jamais passés à l'acte. N'est-ce pas le moment ? Nous vidons nos sacs, retirons nos maillots de bain, appelons ma sœur, sœur apostolique de Saint-Jean et prieure au Puy-en-Velay, afin qu'elle puisse nous accueillir la veille du départ et nous partons sur un coup de tête ! Nous n'avons aucune préparation physique pour ces huit jours intensifs de marche, nos sacs à dos beaucoup trop lourds pour les kilomètres qui nous attendent sont bouclés à la va-vite, mais nous partons sans hésiter, sans bien prendre la mesure de ce qui nous attend.

Le premier jour de marche est éreintant. À l'arrivée à l'étape, il n'y a plus de logement disponible car nous n'avons rien réservé. Des villageois se démènent et appellent un gîte un peu plus éloigné, qui peut nous accueillir. Nous devons marcher encore deux kilomètres en plus des trente que nous venons de parcourir pour espérer dormir au chaud. Comprenant notre état de fatigue, les gérants du gîte nous proposent de venir

17. Louis-Marie Grignion de Montfort, *Cantiques*, 144, 1.

nous chercher. La gentillesse de toutes ces personnes croisées sur notre route en ce premier jour nous touche profondément.

Le jour suivant, nous n'arrivons plus à nous parler tellement nous sommes essoufflés. On est bien loin du séjour romantique de carte postale ! Nous pensions dire le chapelet chaque jour à voix haute mais nous ânonnons difficilement quelques *Je vous salue Marie*. Quelques livres bien trop volumineux pèsent si lourdement au fond de nos sacs ! Nous sommes venus ici comme de vrais touristes. Les étapes que nous avons prévues sont bien ambitieuses par rapport à notre condition physique. Les dénivelés sont sévères. Il fait une chaleur suffocante. Chaque fois que nous faisons une pause, nous nous endormons comme deux sonneurs au bord du sentier. Ces premiers jours de marche sont une vraie école d'humilité. Puis, au bout de quelques jours, sans que nous nous en apercevions, la grâce du pèlerinage opère en nous. Nos corps prennent le rythme de la marche ; nous allégeons nos sacs ; nous ne sommes plus focalisés sur notre souffle et nos douleurs et nous pouvons davantage porter notre regard au-delà de nos pieds qui arpentent les sentiers.

Pendant une semaine, nous cheminons ainsi tous les deux jusqu'au cœur des hauts plateaux de l'Aubrac. Nous évoluons au milieu de paysages naturels d'une grande beauté qui élèvent nos âmes et nos cœurs. Nous découvrons une ambiance simple et chaleureuse entre les marcheurs et les pèlerins dans les auberges qui nous accueillent. Nous pouvons faire de belles rencontres, prier et passer du temps juste tous les deux.

Ce voyage improvisé est, pour nous, une vraie bénédiction. Et, conquis par cette aventure, nous décidons tacitement de renouveler l'expérience l'année suivante. Nous voulons, kilomètre après kilomètre, année après année, parvenir tous les deux à atteindre Saint-Jacques-de-Compostelle.

Lors du deuxième pèlerinage, nous rallions en une semaine l'Aubrac à Conques. Dès le premier jour, nous sommes frappés par le panneau de mise en vente d'une ancienne abbaye pour un prix très modeste, sur le bord de la route. Cette maison à vendre réveille en nous un désir enfoui, une volonté de changer de vie ou plutôt d'approfondir encore davantage celle que nous menons déjà. Et si nous plaquions tout pour accueillir des pèlerins sur ce chemin qui nous a déjà conquis ? Après une journée de marche à échanger et ruminer cette idée, une petite voix intérieure se fait entendre : « N'allons pas chercher les pèlerins ici. Nous en avons à notre porte. Notre neveu Louis-Marie est un pèlerin, commençons par l'accueillir, lui, plutôt que de tout quitter pour venir nous installer ici. »

LA MESSE

> *« À toute chair, il donne le pain,*
> *éternel est son amour*[18] *! »*

Une fois la pause-café terminée, chacun retourne tranquillement reprendre son ouvrage là où il l'avait laissé. Le tintement de la cloche sonne à nouveau pour le début de la messe célébrée chaque jour de la semaine dans la chapelle Saint Jean le Bien-Aimé par l'un des missionnaires montfortains du Calvaire. À la différence de la *lectio*, les résidents de la maison sont libres d'y participer ou non. Souvent, quelques habitants des villages alentour ou des pèlerins de passage complètent la petite assemblée.

Dans l'humble chapelle maintenant baignée de lumière, l'Eucharistie est consacrée avec dénuement et sobriété. Peu importe le prêtre qui célèbre, c'est comme si l'esprit de pauvreté du Sycomore s'emparait soudain de chacun des membres de l'assemblée et venait renouveler leur manière même de vivre la communion. Comme si chacun était appelé à revenir à l'essentiel. Comme si tout florilège, tout superflu paraissait ici encore plus vain et inutile. Comme si chacun était destiné, par cette communion, à demeurer dans le cœur même de Jésus.

---

18. Ps 135.

La figure du prêtre paraît, elle aussi, bousculée. Sa personne n'est plus le centre de l'attention car il incarne vraiment, ici, le serviteur de quelque chose ou de quelqu'un de bien plus grand que lui.

Tout paraît juste, à sa place, et aligné. Comme si rien n'avait existé avant, comme si plus rien n'existerait après.

Le temps s'est arrêté.

Et, dans cette lumière et cette vérité, on croirait assister au miracle de la renaissance des toutes premières communautés chrétiennes.

Chapitre 7

« *Je vous appelle mes amis*[19]. »

À notre retour de ce deuxième tronçon des chemins de Saint-Jacques, comme cela nous a été inspiré, nous proposons simplement à ma sœur et à son mari d'accueillir Louis-Marie un week-end par mois à la maison. C'est alors tout ce que nous nous sentons capables de lui offrir. Cette proposition – qui nous paraît très pauvre – est accueillie par ma sœur et sa famille comme un vrai cadeau. Quand elle quitte notre maison après avoir dit au revoir à son fils, Édith avoue se sentir comme une gamine qui part en vacances.

Le temps que nous passons avec notre neveu durant ces week-ends est tout simple. Nous n'élaborons pas un programme compliqué. Nous allons nous promener aux alentours, nous partageons humblement avec lui la vie de notre famille.

Quand nous l'accueillons, je ne peux pas vaquer à mes occupations habituelles car il me sollicite sans arrêt. Comme il est fasciné par le fonctionnement des machines, je profite de sa venue pour laver les draps de notre maisonnée. Il passe alors des heures entières à regarder tourner la machine à laver et m'avertit chaque fois qu'un programme de lavage est terminé.

Louis-Marie refuse de prendre ses repas avec nous. Alors que nous sommes attablés en famille dans la salle à manger, il préfère rester seul dans la cuisine. Nous tenons quand même

---

19. Jn 15, 15.

à dresser chaque fois un couvert pour lui, resté vacant, à notre table. Et, petit à petit, comme le Petit prince et le renard, nous nous apprivoisons mutuellement. Au début, il vient s'asseoir avec nous seulement un court instant qui, peu à peu, se prolonge. Et, au bout d'un moment, sans que personne le relève, Louis-Marie partage entièrement chacun de nos repas.

Sa présence, qui nécessite une attention constante, perturbe un peu nos enfants les plus jeunes, comme notre fils Jean, âgé d'une dizaine d'années. Louis-Marie rentre sans prévenir dans sa chambre et touche à ses affaires, ce qui a tendance à l'agacer. Mais notre neveu nous apprend justement à être dérangés. À travers ces ajustements nécessaires pour l'accueillir, nous sentons tous que sa présence fait naître une joie profonde au cœur de notre foyer. N'est-ce pas quand on accepte de bon cœur de se laisser déranger que l'on commence à aimer ?

Quand nos deux aînés, déjà étudiants, sont de retour chez nous ces week-ends-là, la joie de Louis-Marie irradie. Il ne cesse de faire répéter à Théophile « Alléluia » et éclate de rire à chaque fois. Sa joie nous contamine tous et nous rions aussi de cette blague répétitive qui devient le cri de ralliement de notre famille. « Loulou » ne quitte pas notre aînée, Marie, d'une semelle et lui fait écouter en boucle ses chansons préférées du moment. Elle le rabroue gentiment, lui signifiant que sa chanson *Un ami pour inventer la route* est bien jolie et qu'elle a parfaitement saisi le message... mais qu'à la longue, la mélodie lui tape sérieusement sur les nerfs ! Elle est cependant si heureuse de connaître davantage ce cousin hors norme et de passer du temps à rire avec lui ! Elle l'avait, en effet, peu côtoyé jusqu'alors, car il a tendance à se tenir un peu à l'écart lors des rencontres de famille. Chez nous, dans une maison qu'il commence à apprécier, Louis-Marie se dévoile et nous laisse apercevoir son caractère espiègle et joueur. Il a beau ne pas avoir l'usage de la parole, il comprend tout ce que nous lui disons et sait très bien se faire comprendre. Au fil des week-ends, nous apprenons chacun à le décoder, à nous mettre à son rythme, à nous laisser toucher et à goûter les joies simples et vraies procurées par le seul fait d'être ensemble. Nous vivons alors des moments d'une intensité rare.

Patrick accompagne souvent notre neveu se promener pour voir les chevaux qui paissent dans les champs alentour. Quand ils les aperçoivent, Louis-Marie souhaite que Patrick reste avec lui à une distance de vingt mètres environ. Et ils passent des heures ainsi, tous les deux. Pour mon mari qui est un homme d'action, toujours très occupé, ces temps imposés à ne rien faire, debout au bord des prés, le désarçonnent d'abord complètement. Que c'est inconfortable de rester là à attendre, alors qu'il aurait mille autres choses prétendument importantes à faire ! Pourtant, il demeure là, près de son neveu, comme ce dernier le lui demande, sans rien faire d'autre. Et, grâce à lui, progressivement, il apprend à apprécier ces moments : Louis-Marie l'initie patiemment à la contemplation. Il est là, avec lui, au cœur de la nature, et il apprend doucement à accueillir de tout son être la beauté de la création et à goûter la joie de la présence d'un ami.

L'accueil de Louis-Marie un week-end par mois nous bouscule comme il nous transforme. Il nous fait voir la vie sous un autre regard, nous invitant à nous interroger sur ce qui est important à nos yeux et à nous concentrer sur l'essentiel. Bientôt, il fait naître en nous l'intention d'aller plus loin. Nous sentons ainsi poindre le désir un peu insensé de créer un lieu dans lequel Louis-Marie puisse vivre en notre compagnie toute la semaine. Un foyer dans lequel il puisse grandir et s'épanouir à nos côtés avec, pourquoi pas, d'autres personnes cabossées par la vie…

LE REPAS

« *Les pauvres mangeront :*
ils seront rassasiés[20]. »

À la fin de la messe, à travers la porte vitrée, soudain une ombre passe. C'est la haute silhouette de Louis-Marie qui, le nez sur la vitre et les mains autour de ses yeux comme pour mieux voir au travers du vitrage, obscurcit tout à coup la chapelle. Killian, son ange gardien du jour, le rejoint et l'invite à entrer.

Maëlle, qui paraît très concernée par le respect scrupuleux des horaires, sonne à nouveau la cloche pour indiquer l'heure du déjeuner. Hélène et Patrick remercient le père montfortain et prennent le temps de saluer chaleureusement leurs voisins. Puis ils gagnent rapidement la salle à manger.

Deux grandes tables sont dressées autour desquelles les habitants du Sycomore ont pris place de manière aléatoire, laissant des couverts libres par-ci, par-là pour les invités. Une fois que tout le monde est installé, on attend que le cuisinier du jour bénisse le repas. Killian, petit jeune homme qui paraît tout juste sorti de l'adolescence, semble un peu impressionné. Il cherche des mots qui lui viennent difficilement. Mais, réconforté par le

20. Ps 21.

regard si doux d'Hélène qui se tient à sa droite, de sa voix toute fluette, il ose enfin se lancer :

« Seigneur, bénis ce repas, ceux qui l'ont préparé. Et donne du pain et de la paix à ceux qui n'en ont pas. Au nom du Père, du Fils et du Saint-Esprit, Amen. »

Il se lève et, avec Hélène, apporte sur chacune des tables deux gros saladiers remplis de carottes et de céleris râpés. Chacun se sert d'eau et de pain puis les conversations s'animent peu à peu. Dans une ambiance joyeuse et décontractée, Patrick répond aux questions nombreuses d'un couple de passage très curieux de la vie ici. Benoit et Gaëtan échangent sur l'histoire de Blanche de Castille. Le jeune séminariste semble subjugué une fois encore par la connaissance encyclopédique si inattendue de Gaëtan. Jean-Marie, comme à son habitude, ne parle pas mais il ingurgite une quantité astronomique de nourriture.

Pendant ce temps, Maëlle explique à Éric que, demain matin, elle ira tuer quelques lapins chez les frères montfortain pour les cuisiner pour le repas dominical. Éric, qui ne jure que par les graines germées et le véganisme, l'écoute avec des yeux éberlués. Quand elle lui fournit en plus des détails sur la sauce au sang qu'elle compte cuisiner pour accompagner les civets, autour de la table, c'est l'hilarité ! Éric a presque des haut-le-cœur et l'appétit coupé.

Les scrupuleux des bonnes manières, les mondains de la bonne tenue à table ne trouveraient pas leur bonheur ici. Mais la simplicité avec laquelle les invités du jour sont accueillis par tous est particulièrement touchante.

Tout à coup, sans crier gare, l'un des résidents questionne l'ami de Patrick : « Et Jésus, pour toi, c'est qui ? » Il comprend alors, instantanément, que dans cette maison, il est tombé bien loin des attitudes mondaines et des discours convenus auxquels il est plus habitué. Au cœur de ce monastère des pauvres, loin des apparences lisses et peut-être plus attirantes d'un repas de gala, c'est définitivement Jésus qui est bel et bien là.

✣

Chapitre 8

« Si on ne hasarde quelque chose pour Dieu, on ne fait rien de grand pour Lui[21]. »

Avec la venue de plus en plus fréquente de Louis-Marie chez nous et par les grâces reçues à travers cet accueil, nous nous sentons à la fois désemparés et appelés, Hélène et moi, à créer un habitat partagé qui puisse être un lieu de vie pour notre famille, notre neveu et quelques personnes vulnérables. Le temps d'un samedi, nous rassemblons les sœurs d'Hélène et leurs conjoints. Ces retrouvailles ont pour but d'échanger nos idées et de déterminer les besoins et les aspirations de chacun. L'idée se dégage d'acquérir une propriété destinée à abriter ce lieu de vie et de créer, à cet effet, une association comme fer de lance du projet. À la fin de cet échange, il nous paraît primordial de trouver un nom fédérateur et de partir à la rencontre des personnes qui expérimentent déjà des projets similaires. Parmi les associations repérées, j'ai entre autres noté le Village Saint Joseph qui suscite particulièrement ma curiosité. De ce que j'en sais, ces gens-là réunissent sous un même toit des personnes cabossées par la vie et vivent de leur travail maraîcher, de leur artisanat et de la Providence. Cela suffit pour me donner envie d'en apprendre davantage.

---

21. Louis-Marie Grignion de Montfort, *Lettre 27*, à Marie-Louise Trichet.

Le lendemain matin, Hélène se réveille avec, à la bouche, le mot « Sycomore » apparu comme en songe pendant son sommeil. À l'aube, encore à moitié endormie, elle m'interpelle : « Sycomore ? Ça te dit quelque chose ? » Elle ne sait même plus s'il apparaît dans la Bible, ni à quoi il fait référence... Quand il résonne à mes oreilles, je pense immédiatement à l'évangile de Zachée. Nous ouvrons notre Bible et nous lisons le passage ensemble[22] :

Entré dans la ville de Jéricho, Jésus la traversait.

Or, il y avait un homme du nom de Zachée ; il était le chef des collecteurs d'impôts, et c'était quelqu'un de riche.

Il cherchait à voir qui était Jésus, mais il ne le pouvait pas à cause de la foule, car il était de petite taille.

Il courut donc en avant et grimpa sur un sycomore pour voir Jésus qui allait passer par là.

Arrivé à cet endroit, Jésus leva les yeux et lui dit : « Zachée, descends vite : aujourd'hui il faut que j'aille demeurer dans ta maison. »

Vite, il descendit et reçut Jésus avec joie.

Voyant cela, tous récriminaient : « Il est allé loger chez un homme qui est un pécheur. »

Zachée, debout, s'adressa au Seigneur : « Voici, Seigneur : je fais don aux pauvres de la moitié de mes biens, et si j'ai fait du tort à quelqu'un, je vais lui rendre quatre fois plus. »

---

22. Lc 19,1-10.

Alors Jésus dit à son sujet : « Aujourd'hui, le salut est arrivé pour cette maison, car lui aussi est un fils d'Abraham. En effet, le Fils de l'homme est venu chercher et sauver ce qui était perdu. »

Pour nous, tout est là. Notre foyer est appelé à accueillir des personnes fragiles comme Zachée a accueilli le Christ chez lui. Sa vie est alors immédiatement transformée et sa maison, emplie de joie. C'est précisément ce que nous expérimentons chaque fois que Louis-Marie vient vivre avec nous. En l'accueillant, c'est Jésus lui-même que nous recevons dans notre maison. Ce sycomore est initialement pour Zachée un refuge d'où il espère maîtriser la situation. Mais il devient finalement le lieu de son appel et de sa conversion. C'est l'expérience que nous avons faite avec Louis-Marie, et que nous pouvons renouveler, chaque jour, en accueillant des frères et sœurs blessés. À leur tour, ils seront invités à faire cette expérience de l'accueil de Jésus qui vient bouleverser leur vie.

Au même moment, nous partons déjà pour la troisième fois sur les chemins de Saint-Jacques en emportant cette intuition au fond de notre cœur. Sur les sentiers de Conques à Rocamadour, au milieu d'une nature sublimée par la douce lumière de l'automne finissant, Hélène espère la confirmation que le nom « Sycomore » doit bien être celui porté par notre association. Elle aborde ce pèlerinage en étant à l'affût du moindre signe et, au bout de quelques jours, ne se sent pas sereine, un peu comme si elle marchandait de manière pas très saine avec le Seigneur. Au cours d'une messe, pendant son homélie, le prêtre déclare : « Vous attendez des signes et vous n'en aurez pas ! » À peine ces mots prononcés, je vois Hélène bouleversée. Elle décide alors de faire un acte d'abandon et de ne plus rester en attente de signes. Elle doit être prête à les accueillir, mais sans chercher à les maîtriser.

Avant de partir pour la troisième fois sur les chemins de Saint-Jacques, je m'étais rendu sur le site internet de ce Village Saint Joseph qui avait tant aiguisé mon intérêt. J'y avais découvert un livre intitulé Le *Village Saint Joseph – et tout devient possible*[23] que j'avais acheté et pris soin d'emporter au fond de mon sac à dos. Cet ouvrage, que j'ouvre dès nos premières haltes, devient le *best-seller* de notre marche ! Hélène et moi nous le disputons pour le dévorer ! Pendant que nous cheminons de Conques à Rocamadour, à sa lecture, nous sommes stupéfaits : encore une fois, comme pour l'évangile de Zachée, tout est là ! D'autres personnes vivent depuis quinze ans le projet un peu fou que nous portons au fond de nous. C'est donc possible, comme l'indique d'ailleurs fort à propos le titre de l'ouvrage. Nous n'avons rien à inventer, mais nous nous sentons fermement appelés à nous mettre dans les pas de ce couple que nous ne connaissons pas encore mais que nous aimons déjà : Katia et Nathanaël. C'est une évidence : dès notre retour, nous irons à leur rencontre.

La veille de notre arrivée à Rocamadour, après plusieurs jours de marche, alors qu'Hélène n'attend plus rien concernant son

---

23. Monique Mediani, *Le Village Saint Joseph – Et tout devient possible*, Bruyère-le-Châtel, Nouvelle Cité, 2014.

intuition au sujet du nom « Sycomore », nous entrons dans une petite chapelle déserte, au bord du chemin. Là sont déposées, comme un cadeau pour les pèlerins de passage, des petites cartes sur lesquelles figure en enluminure l'évangile de Zachée. Nous nous regardons un peu interloqués mais ne disons rien et mon épouse en emporte précieusement quelques-unes.

Le lendemain, c'est déjà notre dernier jour de marche. Nous partons très tôt, bien avant le lever du jour, car nous voulons arriver pour la messe du matin, célébrée en la chapelle de la Vierge noire de Rocamadour. C'est la première fois que nous marchons de nuit sur ce chemin et nous faisons l'expérience extraordinaire de la marche dans les ténèbres, puis de la douce sensation du soleil se levant dans notre dos et de l'obscurité laissant place à la lumière. Nous arrivons enfin dans ce magnifique sanctuaire. Le prêtre demande aux pèlerins, en début de célébration, de s'avancer au premier rang afin d'être bénis à la fin de la messe. Hélène et moi sommes exceptionnellement, ce jour-là, les seules personnes parmi l'assemblée à parcourir les chemins de Saint-Jacques. Et, dans cette chapelle de la Vierge noire, alors que nous nous avançons tous deux face au prêtre, nous sommes stupéfaits de découvrir Zachée, assis sur son sycomore, représenté là, sous nos yeux, sur une fresque du bas-relief qui orne l'autel. C'est donc en présence de Zachée que nous recevons ensemble la bénédiction des pèlerins ainsi que la sportelle, la médaille si caractéristique de la Vierge de Rocamadour, en forme d'amande, remise aux pèlerins à leur arrivée aux pieds de la Vierge.

À la fin de la messe, nous souhaitons nous confesser. En attendant le prêtre, Hélène saisit un petit guide mis à disposition pour aider à se préparer au sacrement de réconciliation. En parcourant rapidement le petit livret qu'elle tient entre les mains, elle lit, abasourdie : « Comment se confesser avec l'évangile de Zachée ? »

Cette accumulation est presque risible ! Nous découvrons alors que nous cheminons en réalité, sans le savoir, depuis une semaine, en direction du sanctuaire dont le saint patron, Amadour, ne formerait avec Zachée, selon la tradition, qu'une seule et même personne ! En effet, après la mort de son épouse Véronique, celle-là même qui essuya le visage du Seigneur pendant sa Passion, Zachée se serait retirée à Rocamadour et y serait mort après avoir vécu des années en ermite. C'est là qu'on lui aurait donné le nom d'Amadour : l'amant ou le dévoué. Nous finissons cette semaine de pèlerinage en sa compagnie et, même si nous sommes loin de percevoir comment tout cela va se mettre en musique, nous sommes dans l'action de grâce.

Dès notre retour, nous réunissons à nouveau pendant tout un week-end les sœurs d'Hélène et leurs maris, ainsi que les quelques amis qui portent avec nous ce projet d'habitat partagé, dont notre couple d'amis de Vendôme. Nous leur proposons comme nom pour notre association « Le Sycomore », en expliquant la lecture que nous faisons de cet évangile, mais en nous gardant bien d'évoquer la multitude de signes que nous avons reçus sur le chemin de Compostelle. Ce qui nous a été donné ne nous appartient pas. Nous voulons laisser le

Seigneur faire son œuvre et ne voulons surtout pas influencer leur jugement. La majorité le rejettent en bloc, avec en tête notre amie de Vendôme qui ne cesse de répéter : « Sycomore, ça rime avec mort ! » Nous sommes perplexes. Tout ça pour ça ? Dans l'incompréhension, nous tentons, dans le fond de notre cœur, de redire avec Marie : « *Fiat*[24] ! » Nous savons qu'il est désormais urgent de trouver ensemble un nom pour déposer les statuts de notre association. Pourtant, rien ne vient. Avant de nous séparer, le père de Louis-Marie nous invite à prier. Il sème de manière aléatoire entre nos mains des bibles, ainsi que des *Magnificat* et des *Prions en Église*, que Louis-Marie collectionne précieusement. Notre amie la plus récalcitrante ouvre, la première, le livret qu'elle tient dans les mains. Il s'ouvre instantanément sur une méditation de l'évangile de Zachée ! Alors, sidérée, levant les yeux vers nous tous, elle lance : « Le Seigneur a parlé ! »

C'est désormais une certitude : nous décidons ensemble ce jour-là que l'association que nous allons créer portera le nom « Le Sycomore ». C'est un choix que nous posons tous de manière unanime et sans aucun regret. Nous leur racontons ensuite tous ces signes qui nous ont accompagnés durant notre pèlerinage. Le dernier événement vécu ensemble vient les confirmer.

Après avoir enfin trouvé le nom que portera notre association, une nouvelle étape s'ouvre : nourrir et préciser le projet en allant à la rencontre d'interlocuteurs dont l'expérience

24. *Fiat* désigne le « oui » de la Vierge Marie lors de l'Annonciation.

pourrait nous être bénéfique. Je propose ainsi de prendre contact avec certaines initiatives en cours ou avec des réalités qui ont déjà fait leurs preuves. Et c'est très naturellement que je me rapproche de ce fameux Village Saint Joseph qui nous a tant interpellés.

LA VAISSELLE

« À l'isolé, Dieu accorde une maison ;
aux captifs, il rend la liberté[25]*. »*

Une fois le repas achevé, le silence se fait attendre. Kilian cherche une nouvelle fois Hélène du regard comme si, sans son approbation ni son soutien, il ne pouvait pas prononcer les grâces.

« Merci, Seigneur, pour ce repas que nous venons de partager. »

Puis il entonne le refrain d'un chant de louange qu'Hélène vient vite soutenir de sa voix plus assurée. Après le signe de croix, dans un même élan, tout le monde se lève et se met à débarrasser le repas. Tel un orchestre bien rodé, chacun trouve sa place sans heurt et sans éclat de voix : Jean-Marie et Killian débarrassent les couverts, Hélène nettoie les tables, Gaëtan se saisit du balai, Patrick met en route la cafetière tandis qu'Éric, Maëlle et Benoît s'installent derrière les éviers pour commencer la vaisselle. Maëlle ajuste son tablier puis, baissant le regard, elle relève doucement les manches de son gilet.

25. Ps 67.

Alors que les visiteurs de passage auraient pu naïvement penser un moment que cette maison s'apparentait davantage à une colonie de vacances pour adultes ou à un genre de colocation, étant donné l'atmosphère joyeuse qui règne en ces lieux, la réalité vient, tout à coup, leur asséner une gifle. Au moment où ils ne s'y attendent pas, à l'instant où ils auraient pu oublier la vocation de cette maison, la souffrance de ceux qui vivent ici leur revient en pleine figure. Des épaules jusqu'aux poignets, les bras de Maëlle sont violemment scarifiés. Pas un millimètre de peau n'est épargné par le mal qu'elle se fait à elle-même. Face à la vision des bras martyrisés de cette toute jeune femme, on ressent une grande affliction puis une colère sourde qui gronde en chacun comme un orage prêt à éclater. Pourquoi des personnes souffrent-elles à ce point ? Pourquoi certains sont-ils si abîmés par la vie ? Pourquoi notre société prétendument riche et prospère génère-t-elle tant de mal et de désespoir particulièrement chez les jeunes ?

Alors, comme pour faire diversion face au malaise et à la valse des pourquoi qui saisit tout à coup les invités, détournant un peu trop rapidement le regard d'elle, Maëlle, de sa voix guillerette et l'air de rien, se met à chanter une petite ritournelle :

« *Evenou shalom alerem*[26]... »

Sans le savoir, elle vient offrir la réponse à toutes les interrogations. Elle fait toucher du doigt le véritable trésor de

---

26. Nous vous annonçons la paix.

cette maison. À travers sa souffrance, son regard sombre et fuyant, ses bras scarifiés mais aussi son chant et la vie qui palpite en elle, à travers l'entièreté de la personne qu'elle est, c'est l'amour du Seigneur qui se révèle.

Chapitre 9

« *Ne vous faites pas de trésors sur la terre*[27]. »

À peine les statuts de notre nouvelle association « Le Sycomore » déposés, nous prenons contact avec le Village Saint Joseph. Nous pensions rencontrer Katia et Nathanaël, le couple fondateur, mais nous apprenons qu'ils ont quitté la maison bretonne de Plounévez-Quintin. Après près de vingt années sur place, ils ont en effet passé la main et c'est un nouveau couple, Régine et Jean-Guy, déjà engagés depuis fort longtemps dans l'aventure, qui a pris le relais. Au cours de la conversation très chaleureuse et amicale que nous avons avec Jean-Guy, il nous propose très simplement : « Venez et voyez ! »

Dès le week-end suivant, après avoir trouvé des solutions d'accueil pour presque tous nos enfants, nous roulons donc en direction des Côtes-d'Armor avec notre dernier-né, Nicodème, alors âgé de huit ans. Nous avons pris soin d'emporter une partie de sa collection de Playmobil afin qu'il ne s'ennuie pas trop pendant cette journée qui s'annonce très maussade. La météo est atroce et nous roulons deux heures sous une pluie diluvienne. À notre arrivée, nous ouvrant grand les bras, Jean-Guy nous accueille avec la chaleur et la simplicité qui nous avaient tant touchés au téléphone. Il prend vraiment le temps d'échanger avec nous, de comprendre notre démarche et de nous présenter la réalité de la vie auprès des plus fragiles.

---

27. Mt 6, 19.

Celle-ci est, au Village Saint Joseph, articulée autour de trois piliers : la vie spirituelle, le travail et la vie fraternelle. Il nous fait visiter tous les lieux. Nous sommes saisis par la paix qui se dégage de cette maison, par la gentillesse et la bienveillance des personnes qui y vivent et par le soin mis à entretenir des lieux sobres et beaux. Les ateliers sont alors inoccupés car nous sommes samedi, jour de repos, mais nous pouvons y admirer les créations en cours, en particulier de magnifiques mosaïques réalisées patiemment par les personnes accueillies.

Après la visite, c'est déjà l'heure du déjeuner. Nous sommes une douzaine à partager le repas, sur une grande table de ferme familiale. Nos hôtes ont déjà ajouté, et sans aucune surprise, comme si cela arrivait souvent, nos trois couverts. Le fait d'accueillir de nouvelles personnes de passage, le temps d'un repas, paraît ici tout à fait habituel et bienvenu. Visiblement, l'improbable et l'inattendu font partie du décor, et rien n'est surprenant. Nous sommes touchés par cet accueil simple et spontané. Dès le début du repas, le bénédicité nous ébranle profondément. Au Village, c'est la personne qui prépare le repas qui est chargée de bénir la table. Avec ce qu'elle est, avec ses mots à elle, sortis du cœur. Ce jour-là, Ronan demande au Seigneur de bénir les hôtes que nous sommes et notre famille, et il lui demande également de faire de nous des frères et sœurs attentifs aux besoins de chacun, pour que toute personne qui souffre puisse trouver un ami, un repas et un toit. Un ami… c'est bien ce que nous semblons découvrir ici. Des hommes et des femmes blessés, qui choisissent de s'accueillir mutuellement et d'apprendre à s'aimer, dans la très grande simplicité de la vie quotidienne. Non, l'homme ne vit pas seulement de pain, si nécessaire et bienvenu soit-il. Et quand on a connu la galère, la solitude, la rue, l'addiction, la maladie ou toute autre lourde épreuve, on connaît le prix de l'amitié et on sait que se laisser aimer et aimer sont plus importants que tout le reste.

Une fois le repas terminé, Jean-Guy nous invite à venir prier avec lui dans la petite chapelle. Nous laissons Nicodème un moment seul avec ses jouets. Il n'a pas perdu une miette de cette journée et de ces rencontres étonnantes, et paraît très en confiance au sein de cette maisonnée qui se rapproche davantage de la cour des miracles que de son univers scolaire habituel.

Après un temps d'adoration face au Saint Sacrement, alors que nous ne le connaissons que depuis quelques heures, Jean-Guy se tourne vers nous et nous dit avec un regard à la fois doux et d'une rare intensité : « Je vais vous poser une question : est-ce que vous voulez venir vivre ici ? »

Sans échanger un mot et dans un profond silence, nos cœurs auraient envie de répondre et même de crier un grand « oui » à l'unisson. Mais, au même moment, nous revient à tous deux le visage souriant et lumineux de notre neveu Louis-Marie auquel nous sommes si attachés. Cette maison est située trop loin de sa famille et il est hors de question de le laisser tomber.

Après avoir expliqué ce dilemme intérieur à notre hôte, nous reprenons la route du retour, à la fois tourneboulés et émerveillés par ce que nous avons trouvé, et un peu tristes de ne pas avoir pu répondre favorablement à l'invitation de

Jean-Guy, si belle et si directe. Mais, une fois encore, le plus important à nos yeux est cet élan qui nous invite à approfondir ensemble la découverte d'un appel que nous ne faisons, à ce jour, qu'entrapercevoir. Nous nous savons totalement en phase l'un avec l'autre dans cette intention que nous portons. Nous nous sentons tous deux prêts à tout quitter, sans pour autant remettre en question les choix fondamentaux de notre vie, ceux qui nous ont menés jusqu'ici.

À la même période, alors que Patrick est directeur pour la Bretagne aux Apprentis d'Auteuil, une restructuration de la Fondation est mise en œuvre. Soit il accepte un nouveau poste dans la région Nord-Ouest, ce qui peut être l'occasion de nouvelles expériences professionnelles, soit il refuse le poste et quitte la Fondation dans le cadre d'un licenciement économique. Le choix n'est pas aisé. Patrick est très attaché à cette Fondation dans laquelle il a pu évoluer et exercer des missions nombreuses et variées depuis vingt-deux ans déjà. Mais l'appel est plus fort.

Ce que nous commençons à vouloir vivre s'accélère et prend de plus en plus d'importance en nous, même si les modalités de mise en œuvre de notre projet restent très floues. Si nous sommes alors loin d'envisager d'en faire une activité professionnelle, nous portons vraiment le désir de créer ce lieu dans lequel nous pourrions aller plus loin encore dans l'accueil de Louis-Marie et d'autres personnes fragiles comme lui. Après un bref temps de discernement vécu ensemble, Patrick refuse le poste qui lui est proposé. Nous faisons tous deux le choix de l'audace et de l'inconnu alors qu'autour de nous, certains de nos proches nous interpellent : « Mais vous êtes fous ! Patrick quitte une situation, un bon poste, bien rémunéré alors que vous êtes parents de sept enfants ! Qu'est-ce qui vous prend à vouloir changer de vie maintenant, à plus de quarante ans ? »

Ces remarques nous interrogent certes, mais, au fond de nous, nous sommes certains de faire le bon choix et nous demeurons dans la paix. Notre idée, alors, est simple : Patrick cherche un poste de direction générale dans une association du secteur social, entre le Morbihan et la Loire-Atlantique ou à proximité et, dans le même temps, nous poursuivons notre projet de création, dans la même zone géographique, d'un lieu de vie partagée. Nous nous préparons à tenir de front et en parallèle ces deux orientations. Dans cette optique, Patrick reprend des études et entame un master de management des associations à l'IAE de la Sorbonne. Sur le papier, tout cela nous semble tenir la route. Mais nous ne sommes pas au bout de nos surprises…

CHAPELET

« Mon âme est en moi comme un enfant,
comme un petit enfant contre sa mère[28]*. »*

Le repas est débarrassé. Chacun dispose d'un moment libre avant de rejoindre l'atelier jardin de l'après-midi.

Dans la quiétude de la chapelle Saint Jean le Bien-Aimé, Hélène et Patrick se tiennent à genoux. Ils sont rejoints par Marie-Jo, une petite femme brune au regard malicieux, qui vit aussi au Sycomore. Alors que dans sa jeunesse, elle était sur le point de devenir religieuse, un accident de voiture a fait voler sa vie en éclats. Échouée à Plounévez-Quintin il y a quelques années, avant de rejoindre le Sycomore, rongée par des décennies de dépression, de maladie psychique et de crises d'angoisse, Marie-Jo a enfin trouvé sa place. Elle a décidé de rester vivre dans ce foyer de manière permanente en tenant un rôle de prière et de service. Elle mène enfin la vie consacrée à laquelle elle s'est toujours sentie appelée. Et, chaque année, le 2 février, elle renouvelle ce vœu dans une lettre déposée au cœur même du tabernacle.

28. Ps 130.

À l'heure où les estomacs inviteraient plutôt au repos et à l'assoupissement, accompagnés par l'un ou l'autre des résidents, Hélène et Patrick murmurent à l'unisson :

« *Je te salue Marie, pleine de grâce.* »

Ils tiennent entre leurs mains des chapelets en bois, tout simples, qui ont été fabriqués ici et qu'ils égrènent au fur et à mesure de leur prière.

« *Le Seigneur est avec toi.* »

Ils demeurent face à une icône de la Vierge parée d'un vêtement bleu nuit brodé au fil d'or, la tête un peu voûtée, les mains ouvertes dans une attitude d'offrande. Cette icône, ainsi que les deux autres, représentant Marie-Madeleine et le disciple Jean, ont été écrites par des sœurs de la communauté Maria Stella Matutina dans laquelle vit désormais leur fille aînée.

« *Tu es bénie entre toutes les femmes.* »

Grâce à ce leitmotiv, cette récitation en boucle qui invite au lâcher-prise et à la méditation, leur esprit encombré par mille préoccupations, mille tâches inachevées, s'abandonne peu à peu.

Puis ils ajoutent tour à tour une clausule[29] comme pour rester bien éveillés à chaque nouveau grain qui passe entre leurs doigts.

« *Et Jésus, dont les pieds furent baignés de larmes par Marie-Madeleine, séchés de ses cheveux, oints de son parfum, est béni.* »

Le silence profond qui a pris possession de toute la maison n'est perturbé que par cette douce mélopée.

« *Sainte Marie, mère de Dieu, prie pour nous, pauvres pêcheurs.* »

Ils aiment particulièrement cette prière pauvre, la prière du dépouillement, la prière de ceux qui ne trouvent plus les mots. Elle les invite à saisir l'instant, leur rappelant la fragilité de la vie.

L'avenir n'est plus. Le passé n'est plus.

Ne demeure que le temps présent qui s'accorde soudain avec celui du Ciel.

« *Maintenant et à l'heure de notre mort. Amen.* »

---

29. Une clausule est une phrase qui conclut une strophe.

Puis, chacune des dizaines se termine par la prière commune de toutes les maisons du Village Saint Joseph :

Je vous salue Marie et Joseph
Bienheureux époux,
L'Esprit Saint repose sur vous.
Vous êtes bénis
Entre toutes les familles,
Icône de la Sainte Trinité,
Et Jésus accueilli par votre « oui »
Nous révèle l'amour du Père.
Sainte Marie et Saint Joseph,
Avec tous nos amis du ciel,
Priez pour nous pauvres serviteurs,
Maintenant et à l'heure
De la rencontre.
Amen.

Chapitre 10

« Oh ! Qu'en ce lieu l'on verra de merveilles[30] ! »

Alors que les mises en garde et les questions déstabilisantes de notre entourage résonnent à nos oreilles, Hélène et moi poursuivons vaille que vaille notre route. Nous avons la conviction profonde que, même si ce projet paraît fou, nous sommes sur la bonne voie.

L'autre rencontre marquante à cette époque est celle de Mgr James, alors évêque de Nantes. C'est un homme qui est proche de L'Arche et qui, au moment où leur maison avait brûlé, avait spontanément recueilli Édith, Bertrand et leurs enfants dans une aile du séminaire de Nantes. Avant d'aller le rencontrer, nous lui avions écrit une lettre dans laquelle nous exprimions notre volonté de partager avec les plus fragiles une vie de prière et de travail, dans la lignée de l'encyclique *Laudato si'* du pape François, tout juste publiée.

C'est un homme très bienveillant et fraternel qui nous accueille et met tout en œuvre pour nous aider à trouver un lieu pour établir notre projet. Au cours de l'échange, il évoque brièvement le Calvaire de Pontchâteau mais nous informe qu'un couple, Katia et Nathanaël, les fondateurs du Village Saint Joseph, va probablement y faire quelque chose. Il écarte alors cette possibilité. Cette mention du Village Saint Joseph ne tombe pas dans l'oreille d'un sourd, mais nous faisons d'emblée une croix sur cette piste, puisqu'un projet y semble

30. Louis-Marie Grignion de Montfort, *Cantiques*, 164,9.

déjà engagé. Après cette entrevue, nous faisons une synthèse des possibilités auprès des membres de notre association mais aucun endroit ne correspond encore vraiment à nos aspirations.

Dans la période précédant mon licenciement économique, je bénéfice d'un accompagnement à la recherche d'emploi et d'un congé de reclassement au cours duquel je me porte candidat à différents postes très variés. Mais ils présentent tous le point commun de me laisser de la disponibilité pour œuvrer pour Le Sycomore. Je vise des fonctions de direction générale dans diverses associations, mais je suis également prêt à assurer des responsabilités de management dans le domaine du bricolage, du caravaning, de la culture. En réalité, je ne ferme aucune porte. L'essentiel, désormais, sera ailleurs. Professionnellement, je vis une période inédite et passionnante : je m'apprête à un changement profond dans mon activité, sans me douter que cette préparation me sera très utile, mais pas de la manière dont je l'envisageais.

Dans le même temps, nous demandons à Jean-Guy, président du Village Saint Joseph, le numéro de Katia et Nathanaël car nous avons le désir profond de les rencontrer. Nous ne savons pas ce qu'il en sortira, mais la lecture du livre qui retrace leur parcours nous a tellement émerveillés et interrogés qu'il nous semble incontournable de nous appuyer sur leur expérience et de recueillir leurs conseils.

Juste avant de partir à leur rencontre, je viens de passer un troisième entretien de recrutement pour un poste de directeur général d'une importante association dans le secteur social et mon embauche semble imminente. La balle est dans mon camp, je dois rendre ma réponse dans les jours qui viennent.

Quand nous partons, nous n'attendons rien de précis mais nous savons tous les deux que cette rencontre pourrait nous secouer. Dès que nous les apercevons et les saluons, comme une évidence, nous nous sentons en présence d'un frère et d'une sœur que nous aurions connus depuis toujours. Leur accueil est si chaleureux et si simple ! Ils dégagent ensemble une douce bonté. Ce que nous ressentons est indescriptible, un peu comme si tout ce que nous avions vécu jusqu'alors avait conduit à cette rencontre, ce jour-là. Comme si nous avions été invités à suivre un chemin dont l'aboutissement serait cet instant précis. Comme si tout notre parcours rendait aujourd'hui possible quelque chose de foncièrement inédit et radical.

Nous ne nous connaissons pas, mais c'est chez eux qu'ils nous reçoivent, autour d'un repas, et nous leur racontons notre parcours, nous leur parlons de notre famille, de Louis-Marie. Ils nous écoutent avec beaucoup d'attention. Puis, au bout d'un moment, alors que nous en sommes à présenter le projet du Sycomore, Nathanaël nous interroge : « Seriez-vous prêts à accueillir des personnes fragiles aux profils différents et pas seulement des personnes handicapées ? Il y a dans notre société des fragilités de toutes sortes et les faire entrer en résonance est un vrai trésor. » Ils nous relatent alors ensemble leur expérience et les bienfaits de ce choix de faire vivre ensemble des personnes aux fragilités très diverses. Celles-ci apprennent ainsi à se découvrir et à s'accueillir mutuellement, en acceptant des fragilités autres que les leurs et en découvrant à travers cela un véritable chemin de guérison. Notre projet est alors exclusivement tourné vers des personnes atteintes de handicap mental et nous n'avons tout simplement pas pensé à cette approche. Mais pourquoi pas ?

Un peu plus tard, alors que j'explique être en recherche d'emploi et devoir rendre rapidement une réponse pour un poste, Nathanaël lance : « Patrick, pourquoi cherches-tu un job ? » La question me déconcerte et je me retrouve à bredouiller maladroitement deux ou trois arguments qui me paraissent évidents et essentiels, du fait de ma responsabilité d'époux et de père. Il y a quelques bouches à nourrir et des enfants déjà étudiants… Pourtant, si je suis si troublé, c'est surtout parce qu'il a visé juste. Sans trop accepter de la regarder en face, je savais bien que cette question demanderait d'être explorée. Katia et Nathanaël nous partagent encore leur expérience et nous invitent à considérer que, si nous sommes décidés à tenter une aventure semblable, nous devrons prendre les moyens d'être présents tous les deux au quotidien pour les personnes que nous accueillerons. Ils sont convaincus que, même si c'est sécurisant, il n'est pas tenable de conserver un emploi à l'extérieur. Ils en ont fait les frais dans les débuts : Katia portait la maison seule, Nathanaël rentrait le soir fatigué et peu disponible pour chacun. Comme l'affirme Katia : « Pour accueillir, il faut être présent. » Cette évidence ne nous avait pourtant pas sauté aux yeux jusqu'alors. Pour accueillir en couple, et vivre cet accueil dans la grâce du sacrement de mariage, nous devons accepter de tout lâcher et de nous rendre disponibles tous les deux au jour le jour.

Ces deux interrogations auxquelles nous n'apportons aucune réponse immédiate nous bouleversent. Nous avons le cœur retourné et mille questions nouvelles en tête. Et, comme pour nous encourager, pour nous montrer que nous sommes sur la bonne voie, nous accueillons encore un cadeau de la Providence : Katia et Nathanaël nous demandent si nous serions prêts à prendre la responsabilité de la deuxième maison du Village Saint Joseph, qu'ils envisagent de créer au Calvaire de Pontchâteau. Nous nous connaissons depuis à peine trois heures, et voilà qu'ils nous mettent la mission entre les mains… Jamais je n'ai expérimenté de telles méthodes de recrutement ! Ils nous diront plus tard qu'ils demandaient au Seigneur depuis quelques mois de leur envoyer un couple pour ce projet. Nous voici. Notre intention rejoint la leur : ils nous proposent donc de nous lancer dans l'aventure. En ce qui concerne les aspects matériels et financiers, en forme de réponse à sa propre question sur ma recherche d'emploi, Nathanaël est encore très direct et confiant : « Dites-nous en vérité et sous le regard du Seigneur quel est le montant dont vous avez besoin pour faire vivre votre famille, dans la sobriété. Ce sera votre salaire. C'est ainsi que nous fonctionnons au Village. Si nous avons le désir de faire en vérité l'œuvre de Dieu, il pourvoit. » C'est aussi simple que cela.

Ce projet, qui n'en est encore qu'à l'état d'intention, est bien celui qu'avait évoqué Mgr James, l'évêque de Nantes. Ce lieu que nous avions donc écarté de nos recherches, voilà qu'il nous est aujourd'hui proposé pour ouvrir une maison destinée à accueillir Louis-Marie. Et, avec lui, bien d'autres personnes blessées, dans le sillage de ce que Katia et Nathanaël ont initié et vécu pendant vingt ans, et avec leur soutien et leur appui fraternel, et à la demande de la communauté montfortaine. Le père Santino est en effet supérieur de la communauté du Calvaire depuis peu. Cet Italien, missionnaire au Pérou pendant vingt-cinq ans, puis supérieur général des Missionnaires montfortains, à Rome pendant douze ans, a souhaité venir au Calvaire à l'issue de son mandat. Son premier souci est d'accueillir sur le sanctuaire une œuvre de consolation et de miséricorde, en fidélité à saint Louis-Marie. C'est en ce sens qu'il s'est tourné vers Katia et Nathanaël.

Il se trouve, en outre, que le Calvaire de Pontchâteau est très précisément situé dans la zone géographique que nous avions ciblée pour notre projet, à mi-chemin entre Nantes et Vannes. Enfin, pour couronner le tout, ce calvaire au pied duquel nous sommes invités à venir vivre avec les plus pauvres, très célèbre dans la région, a été érigé par un missionnaire intrépide, un saint inclassable, prédicateur infatigable et amoureux des pauvres et de la Vierge Marie, un certain saint Louis-Marie Grignion de Montfort... le saint patron de Louis-Marie ! Tout cela est tellement improbable, presqu'irréel ! Nous avions un désir un peu fou ; le Seigneur vient le combler, dans une surabondance que nous n'aurions même pas osé imaginer. Il va nous falloir un temps de digestion, mais nous savons déjà au fond de notre cœur que nous allons évidemment répondre par un grand « oui » à cette proposition. Nous quittons Katia et Nathanaël en acceptant leur invitation à participer à l'assemblée générale constitutive de la nouvelle association « Le Village Saint Joseph au Calvaire de Pontchâteau » prévue trois semaines plus tard. Juste le temps d'essayer de nous en remettre.

Sur le chemin du retour, nous sommes très silencieux alors qu'une vraie tempête fait rage à l'intérieur de nous. L'image des pèlerins d'Emmaüs nous vient alors à l'esprit : « *Notre cœur n'était-il pas brûlant en nous, tandis qu'il nous parlait sur la route et nous ouvrait les Écritures*[31] ? » Ne venons-nous pas de vivre un événement semblable ? Désormais, nous ne pouvons plus envisager notre projet de la même manière. À travers ces questions et ces quelques paroles, Katia et Nathanaël nous ont bousculés, dérangés, poussés dans nos retranchements, et révélé jusqu'où le Seigneur nous attendait. Nous prenons conscience que nous devons franchir un pas de plus, certainement le plus difficile, mais aussi le plus joyeux, de toute cette aventure. À ce moment-là de notre vie, nous sommes appelés à lâcher nos petites certitudes humaines et nos sécurités matérielles. C'est le moment de nous abandonner, de sauter dans le vide afin que le Seigneur vienne réaliser vraiment son œuvre à travers nous. Parmi les renoncements auxquels nous sommes invités à consentir, il devient certain que notre petit plan, qui consistait

31. Lc 24, 32.

à commencer un nouveau travail et lancer conjointement un tel projet, ne tient plus. Cela implique, entre autres, de renoncer à une situation sociale et professionnelle. Mais qu'est-ce qui est premier ? Vers où nous mène notre cœur ? Déjà, dans ce trajet du retour, je me dis que, dans les jours qui viennent, je vais rappeler la consultante en recrutement pour lui signifier que je ne donne plus suite à son offre. J'ai trouvé mille fois mieux…

AU JARDIN

« Je bénirai, je bénirai ses récoltes
pour rassasier de pain ses pauvres[32]. »

Parés de bottes en caoutchouc et d'une tenue appropriée au jardinage, les membres de la maisonnée se retrouvent sur la petite terrasse en béton et la volée de marches qui mènent au jardin. L'air frais de l'hiver est adouci par les rayons du soleil qui percent à travers les nuages. À certains endroits, le ciel bleu apparaît franchement et annonce, contre toute attente, une journée ensoleillée. Tout le monde est là, même Louis-Marie, réuni autour de Patrick qui se tient prêt à annoncer le chantier prévu pour cet après-midi. Il présente Zenziwe, une jeune femme qui a proposé son aide et sa compétence pour prendre la responsabilité du potager à la suite d'Ève-Marie. C'est elle qui décidera ce qui sera semé, où, à quelle période, comment, et qui aura la charge de la planification, de la supervision et la coordination des travaux réalisés au potager. Avec le temps et l'expérience, il est apparu nécessaire qu'une personne compétente soit entièrement dévouée à ce poste qui demande beaucoup de temps et que ni Patrick ni Hélène ne pouvait assurer.

---

32. Ps 131.

Une fois les tâches réparties, tous se rendent dans la grange où sont suspendus de beaux paniers d'osier et où sont soigneusement rangés les outils à mains : sécateurs, pioches, pelles, bêches, râteaux, grelinettes, brouettes...

L'ordre de leur stockage et l'état de leur entretien témoignent du soin porté à ces outils de belle facture, fabriqués en métal et en bois. Ils sont, d'ailleurs, les seuls utilisés dans ce jardin où l'on emploie exclusivement la force manuelle et humaine de ceux qui y travaillent.

À travers les petites allées de gravier autour desquelles sont plantés des arbres fruitiers, des fleurs, des lavandes, à travers les clôtures de bois massif réalisées à l'atelier de menuiserie, on sent une recherche constante de la beauté. Avant de venir vivre au Sycomore, certains résidents logeaient dans la rue ou dans de vrais taudis. Leur souffrance, leur addiction, leur handicap leur avaient fait perdre toute référence d'un cadre de vie porteur et sain. Alors, dans la sobriété, Hélène et Patrick ont cette volonté de rechercher le bon et le beau. Le jardin est, pour ceux qui vivent ici, le lieu de redécouverte de cette beauté.

Il est même devenu pour certains le lieu de leur guérison et de leur résurrection. Quand elle est arrivée ici, Olivia était une jeune femme au regard froid et glacial, le visage constamment dissimulé derrière des cheveux bruns épais. Elle était une montagne de souffrances que rien ni personne ne semblait pouvoir atteindre. Et pourtant, en un an, Olivia s'est métamorphosée. C'est dans ces allées qu'Hélène et Patrick ont vu des visages s'ouvrir, des sourires fleurir et des êtres, comme Olivia, se redresser.

On est bien loin ici des potagers traditionnels bien ordonnés, avec des plantations alignées et une terre sans cesse retournée et mise à nu ! Au Sycomore, comme dans ces jardins avant-gardistes qui renouent aussi avec un passé sacrifié sur l'autel de la modernité, on ne retourne pas le sol, on le nourrit, on ne rentre pas en guerre contre les mauvaises herbes ou les limaces, on s'en fait des alliés. Les plantes maraîchères poussent sur des petites buttes composées de déchets végétaux, de paille, de compost qui, avec le temps, constituent le véritable trésor de ce jardin. On a compris ici, comme au Bec-Hellouin ou dans les Fermes d'avenir[33], que les deux sources de fertilité sont la diversité et la vie. Lorsque la vie d'une infinité de créatures fourmille et palpite, c'est tout le jardin qui s'épanouit.

Un humus se crée. Les vers de terre, les carabes, les scarabées, jusqu'aux bactéries les plus minuscules, chacun s'active à décomposer les rejets de l'autre et crée ainsi miraculeusement les nutriments que la plante va synthétiser. Le sol se structure, il devient fertile et la source même de toute cette fécondité.

33. Il s'agit de lieux pionniers en matière de permaculture et d'agroécologie.

HUMUS HUMILITÉ HUMAIN

Trois mots qui ont la même étymologie.

C'est dans son humilité que la grandeur de l'homme s'enracine, qu'il se tient à sa juste place, comme faisant partie de la création.

Et, alors que tous s'activent à semer des petits pois, planter des jasmins autour de la terrasse ou nettoyer le poulailler, en voyant Louis-Marie se promener nonchalamment au milieu des moutons, on comprend que ce qui fait la singularité de cette maison, comme de ce jardin, c'est l'attention accordée au plus petit, au plus méprisable, à l'invisible. Au Sycomore, c'est précisément celui-là qui structure tout, qui tient tout. C'est celui qu'on ne voit pas, celui qui ne sert à rien mais qui, par sa présence dérangeante et mystérieuse, pleinement accueillie, devient pourtant source de fécondité et de vie.

Chapitre 11

« En dehors de moi, vous ne pouvez rien faire[34]. »

La veille de l'assemblée générale constitutive de la nouvelle association, prévue à Pontchâteau, Katia et Nathanaël viennent partager une soirée familiale à la maison afin de faire davantage connaissance. Nous sommes très heureux de les retrouver et de leur présenter ceux de nos enfants qui sont présents.

Comme prévu, nous débarquons à cette assemblée générale qui réunit une trentaine de personnes : le père Santino, des missionnaires montfortains, des proches du Calvaire, des paroissiens et des bénévoles de la maison de Plounévez-Quintin, première et unique maison du Village à ce jour. Nous pensons, à ce moment-là, que tout est déjà organisé et que notre présence n'est pas du tout indispensable pour la création de cette nouvelle maison de Pontchâteau.

À la pause-café, Nathanaël s'approche de nous et, l'air de rien, nous dit : « Patrick, ce serait bien que tu sois vice-président, et toi, Hélène, secrétaire de l'association. »

Très naturellement, sans aucune difficulté, ni condition, un bureau se crée. Puis, quand il est question du couple qui aura la charge de ce nouveau lieu, nous sommes invités à nous lever et à nous présenter. Et, sans avoir l'impression d'avoir à dire oui ou non, sans même avoir l'impression d'avoir à réfléchir à une réponse à donner, nous devenons, ce jour-là, les gardiens

---

34. Jn 15, 5.

de ce deuxième foyer du Village Saint Joseph qui va se créer à Pontchâteau.

À l'issue de la réunion, nous nous retrouvons avec Paul, le président de l'association, le père Santino, Katia et Nathanaël afin d'organiser ensemble le travail des semaines à venir. Dans la discussion, surgit la nécessité de choisir un nom pour baptiser cette nouvelle maison. Elle verra d'ailleurs le jour dans un bâtiment jusque-là désigné au Calvaire comme « Abri des pèlerins ». Encore un clin d'œil : les personnes qui y seront accueillies ne sont-elles pas avant tout des pèlerins éprouvés ? Et n'est-ce pas notre pélerinage sur les pas de saint Jacques de Compostelle qui nous a mis en mouvement ? Lorsque Katia nous demande timidement : « Accepteriez-vous qu'on reprenne le nom du Sycomore ? », nous bondissons de joie intérieurement ! Ce nom est si important et symbolique pour nous. « Le Sycomore » sera donc le nom de la maison du Village Saint Joseph au Calvaire de Pontchâteau.

Nos enfants, qui ont cheminé avec nous, sont bien évidemment tenus au courant de nos avancées. Nous prenons le temps de leur annoncer l'issue de cette assemblée générale et notre décision de nous embarquer dans cette nouvelle aventure. Notre fille aînée, Marie, âgée de 21 ans, prononce une formule qui nous va droit au cœur, tant elle résume bien l'état d'esprit de nos enfants à notre égard : « Vous êtes complètement barrés, mais c'est génial ! »

Quand nous prenons le temps de présenter le projet à mes parents, puis, quelques jours plus tard, à tous mes frères et sœurs et neveux et nièces, Louis-Marie est présent à chaque fois. Il va et vient entre sa chambre et les pièces communes, comme à son habitude. Et, au moment précis où Patrick explique que cette maison sera un lieu ouvert aux vulnérables, aux fragiles de ce monde, sans distinction, Louis-Marie surgit et vient tout contre lui, quelques secondes, poser doucement sa tête contre son cœur. « *Il y avait à table, appuyé contre Jésus, l'un de ses disciples, celui que Jésus aimait*[35]. »

Cette attitude, qu'il n'a jamais eue vis-à-vis de lui, ni avant ni après ces deux instants précis, nous bouleverse. Nous sommes sidérés par la simplicité et la beauté de son geste. Derrière son handicap qui nous donne parfois l'impression qu'il est hors de notre réalité, Louis-Marie nous montre qu'il est bel et bien là, extrêmement présent. Il comprend tout. Il saisit l'essentiel de ce que nous essayons de vivre avec lui. Et, par ce geste inattendu, il nous montre qu'il est prêt à le recevoir. Il nous donne à vivre alors, à Patrick et moi, l'un des instants les plus purs et les plus vrais de notre existence dont le simple souvenir nous émouvra, dont la simple évocation nous fera venir les larmes aux yeux, encore des années après...

L'année est bien engagée et il nous faut un peu de temps pour quitter notre maison et trouver des écoles avant d'arriver sur place. Nous prévoyons donc de nous organiser durant

---

35. Jn 13, 23.

les six mois qui viennent avant de déménager l'été suivant à Pontchâteau.

Il nous semble, en effet, important d'acquérir une maison familiale, indépendante, dans laquelle nous pourrons venir nous reposer, passer des vacances, des week-ends et nous retrouver en famille avec nos enfants. Très rapidement, nous parvenons miraculeusement à vendre enfin notre maison de Vendôme et faisons l'acquisition, presque dans la foulée, d'une vieille longère en pierre située entre Vannes et Pontchâteau. Cette bâtisse pleine de charme, mais sans aucun confort – elle nécessite beaucoup de rénovations – constituera notre base arrière familiale, notre « chez-nous » indispensable pour la suite de nos aventures...

Au Sycomore, nous devons également planifier des travaux de rénovation importants, à mener si possible dès notre arrivée. Katia et Nathanaël bénéficient providentiellement du soutien sans faille d'une généreuse donatrice dont ils font la connaissance à cette période et qui leur demande le montant dont nous aurions besoin pour ouvrir cette maison. Sur la base d'une première estimation, elle est prête et déterminée à financer les trois quarts du montant des travaux. L'association n'a même pas encore de compte en banque que saint Joseph nous envoie déjà des donateurs. Encore un signe qui nous stupéfie et nous dépasse !

Mes parents qui, dans un premier temps, étaient assez inquiets du départ de Patrick des Apprentis d'Auteuil se laissent toucher par le tournant que prend notre vie. Ils deviennent nos meilleurs ambassadeurs. Leur soutien sans faille, à plus de 70 ans, me touche profondément. Ils mettent tout en œuvre pour nous aider, nous soutenir et témoigner autour d'eux de ce que nous vivons. Dès notre emménagement au Sycomore, mon père vient, chaque semaine, nous rendre visite et repart chaque fois avec une pile de livres sur le Village Saint Joseph, qu'il distribue à tous ses amis. Un jour, alors que nous sommes en pleins travaux de peinture, il salue Katia et Nathanaël pour la première fois comme s'il les avait connus toute sa vie.

Au cours du premier semestre de l'année 2019, Patrick travaille à la forme juridique que pourrait prendre le Village Saint Joseph par cette création d'une nouvelle maison. Il entre en contact avec différentes associations (L'Arche, Lazare, Simon de Cyrène ou encore Magdalena) et s'inspire de leurs expériences pour rédiger les statuts de la Fédération Village Saint Joseph, afin qu'ils soient adaptés à l'essaimage de nouvelles maisons.

Ce que Patrick souhaite éviter à tout prix, c'est la lourdeur d'une association grandissante dont les moyens seraient centralisés et souvent inadaptés sur le terrain. L'expérience qu'il a acquise lui sert à éviter cet écueil dont sont très souvent victimes les associations en croissance rapide. Le modèle d'une fédération paraît pertinent car il permet la création et le soutien de petites associations très mobiles, inscrites dans leur réseau local, tout en bénéficiant du support d'une structure extérieure.

Au Village Saint Joseph, la fédération regroupe donc des représentants de chaque association du Village, gestionnaire chacune d'une maison. Auprès des instances classiques d'une association, un conseil fraternel de couples proches et d'amis du Village constitue « le Cénacle » qui tient lieu de conseil pour apporter un regard extérieur sur certains grands sujets. La première question soumise à ce conseil concerne le cœur de la vie des maisons : comment envisage-t-on l'accompagnement d'une personne fragile au sein de chaque maison du Village Saint Joseph ?

La création de cette fédération en juin 2019 présente également l'avantage de clarifier les relations entre le Sycomore et la maison de Plounévez-Quintin. Chaque maison garde son charisme propre et sa liberté de fonctionnement mais s'engage à respecter et à mettre en œuvre la Charte du Village Saint Joseph, réécrite à la même époque, sans en changer l'esprit, mais en la mettant à jour afin de pouvoir ouvrir de nouvelles maisons.

Bien que les travaux du Sycomore n'aient pas encore démarré, Katia et Nathanaël s'y installent à partir du mois d'avril avec quelques résidents, tous venus de la maison de Plounévez-Quintin.

Dès le lendemain de leur arrivée, le Lundi saint, nous nous joignons à eux pour la messe et participons, pour la première fois, à l'office des Myrophores, selon le rite oriental. Il s'agit de célébrer le geste de Marie-Madeleine qui répandit un parfum de grande valeur sur les pieds de Jésus. Ce jour-là, quand nous quittons la chapelle, nous apprenons que la cathédrale Notre-Dame de Paris est ravagée par un incendie. Bouleversés par la beauté de l'office que nous venons de vivre et par cette terrible nouvelle, nous décidons que, désormais, chaque Lundi saint marquera le jour anniversaire de la création du Sycomore.

Pendant cette période de démarrage au cours de laquelle Katia et Nathanaël assurent une présence, nous multiplions les allers-retours à Pontchâteau pour prendre petit à petit possession des lieux, même si la rénovation de la maison n'a pas encore commencé.

Katia et Nathanaël étant contraints de s'absenter, Patrick et moi prenons, le temps d'un week-end, le relais au Sycomore qui accueille déjà huit résidents. C'est un peu le baptême du feu ! Katia et Nathanaël ne nous ont transmis presque aucune information sur les personnes accueillies et ne nous ont quasiment pas donné de consigne ni de conseil. C'est donc une invitation à rencontrer véritablement chacun au lieu de lui mettre une étiquette sur le front. Nous sommes un peu pris au dépourvu mais, dans le même temps, nous sommes enhardis par la confiance totale qu'ils placent en nous.

Pour ce premier court séjour au Sycomore, notre benjamin, Nicodème, nous accompagne. Au début, tout se passe très bien. Les résidents vaquent à leurs occupations et nous avons beaucoup de temps et d'attention à consacrer à Nicodème qui n'en perd pas une miette. Pour son plus grand bonheur, nous enchaînons avec lui les parties de cartes.

Nous avons reçu tellement peu d'informations sur les personnes présentes que nous découvrirons, un peu interloqués, à la fin du week-end, que l'une d'entre elles était, en fait, un bénévole venu pour nous aider ! Cette méprise révèle bien l'esprit du Village Saint Joseph, où l'on ne distingue pas les accueillants des accueillis. Et nous trouvons cette confusion à la fois très drôle et très belle !

Dans l'après-midi, je propose d'aller nous promener tous ensemble. Mais un jeune homme qui a attiré notre attention depuis notre arrivée ne nous paraît vraiment pas dans son assiette. Patrick décide alors de rester avec lui à la maison pendant notre balade. Rapidement, un missionnaire montfortain vient l'alerter : des affaires sont tombées d'une fenêtre de la maison sur la route. Quand Patrick arrive, il trouve le jeune en pleine crise, en train de passer toute sa chambre par la fenêtre. Il découvre une plaquette de médicaments vide dans sa poubelle et appelle immédiatement le Samu. Patrick parvient à l'apaiser mais quand les pompiers arrivent pour le prendre en charge, il est en proie à une grande agitation. Les gendarmes sont déployés pour le maîtriser et l'emmener de force à l'hôpital.

Nous démarrons très fort ce week-end-là : un tel événement ne s'est jamais reproduit depuis que nous vivons au Sycomore. Cette expérience, éloignée de tout angélisme, n'entache pas notre volonté de venir vivre ici, bien au contraire. Conscients que des épreuves nous attendent, nous nous sentons vraiment appelés à vivre auprès de ces personnes blessées.

Dans l'été qui précède notre emménagement au Sycomore, nous organisons une grande fête avec tous nos amis et nos familles. Katia et Nathanaël, qui sont aussi présents, font un petit discours pour témoigner de ce qu'ils vivent au Village Saint Joseph depuis plusieurs années. Si tous paraissent enthousiasmés par notre projet, tout au long de cette journée, de nombreux amis viennent nous prendre individuellement en aparté pour nous interroger sur des questions pratiques et matérielles qui ne nous ont même pas effleurés. Derrière un enthousiasme sincère, beaucoup paraissent si inquiets pour nous ! Mais si nous n'avons aucune réponse à apporter à la somme de questions pratiques qu'ils nous posent ce jour-là, leur propre inquiétude ne nous gagne pas pour autant. Nous admettons volontiers que nous ne savons pas, que nous sautons dans l'inconnu, mais que nous n'avons pas peur. Nous sentons si fort au fond de notre cœur qu'aucune crainte ne doit nous habiter, puisque nous allons là où le Seigneur nous attend.

Vient l'heure du grand saut. Nous emménageons dans des conditions très spartiates, mais les enfants s'installent avec joie. L'un de nos premiers soucis est de pouvoir accueillir Louis-Marie : dès la première semaine, nous rafraîchissons sa chambre et arrachons un vieux papier peint à fleurs orange, afin qu'il puisse nous rejoindre. Sa présence est une grâce qui donne une couleur particulière à notre foyer.

Lorsque nous nous installons au Sycomore, Teresa reste scolarisée au lycée de Vannes et est accueillie la semaine chez le frère de Patrick, dont la femme est sa marraine. Nos quatre autres aînés sont étudiants et déjà indépendants. Seuls Jean, collégien, et Nicodème, qui rentre en classe de CM1, doivent changer d'établissement scolaire. Mais les écoles et collèges que nous visitons autour de Pontchâteau ne nous emballant pas, nous décidons en accord avec eux que, pour un temps, je leur ferai l'école à la maison. Je n'imagine pas alors dans quoi je m'embarque ! Je prévois un temps d'école quotidien avec eux chaque matin de 9 heures à midi. Et l'après-midi, je leur propose, comme aux résidents, des temps d'ateliers : cuir, mosaïque, potager...

Ce rythme tient un moment mais devient très vite insoutenable pour tous. Patrick doit gérer seul la maison toute la matinée. Et, de mon côté, je passe un temps infini à faire travailler Nicodème qui réclame une attention constante tandis que, petit à petit, Jean entre en pleine crise d'adolescence. Pendant le confinement, alors qu'il souffre déjà beaucoup d'être éloigné de ses pairs, ses activités extra-scolaires, véritables petites bouffées d'oxygène de la semaine, cessent brutalement. Il s'était impliqué un temps dans l'atelier de mosaïque, mais désormais, plus rien ne l'intéresse. Pour préserver une certaine paix familiale et lui permettre de continuer à s'instruire, nous acceptons même, pour un temps, qu'il passe ses après-midis à regarder des séances de l'émission *C'est pas sorcier*.

Cette parenthèse de scolarisation domestique est peu concluante. Il est clair que, dès la rentrée scolaire prochaine, il faudra nous organiser autrement : Nicodème ira à l'école primaire près de Pontchâteau et Jean retournera au collège à Vannes, où il sera accueilli la semaine chez des amis.

Les premiers mois au Sycomore sont très denses et éprouvants et nous vivons, chaque jour après l'autre, à la grâce de Dieu. Nous devons tout mener de front : notre installation, la gestion administrative de la maison et la signature du bail avec l'association immobilière montfortaine, la nouvelle organisation familiale, l'école à la maison, les travaux de rénovation des bâtiments, la découverte des résidents, la mise en place d'une organisation pour les courses, les repas, le ménage, les réponses aux très nombreuses demandes pour venir vivre avec nous, les allers-retours de Patrick à Paris qui poursuit contre vents et marées son master à la Sorbonne, en plus de sa nouvelle responsabilité de président de la fédération. Tout cela nous donne souvent le vertige !

Chaque matin, pendant le temps d'adoration, nous demandons à Jésus ce que nous faisons là. Nous déposons à ses pieds nos fatigues, nos incertitudes, nos petitesses. Chaque matin, alors que nous arrivons à la chapelle à la limite de tout envoyer valser et de rentrer chez nous pour reprendre le cours de notre vie, comme par un miracle réitéré quotidiennement, nous sortons de l'adoration en ayant renouvelé notre « oui ». Nous recevons, chaque jour dans la prière, la force de continuer et la certitude que nous sommes ici à notre juste place, au milieu des difficultés qui s'accumulent et qui paraissent souvent insurmontables.

Alors que nous ne vivons qu'à quarante kilomètres de notre dernière maison, nous avons le sentiment, dès les premières semaines, d'être partis vivre en coopération à l'autre bout du monde. Nous sommes totalement déphasés. Nous pensions être les capitaines de ce nouveau vaisseau mais, en réalité, nous ne pouvons rien planifier. Nous devons apprendre à vivre vraiment au jour le jour et surtout à nous abandonner à la Providence pour tenir bon dans cette tempête perpétuelle qui mêle, sans distinction, l'imprévu, l'improbable, la fantaisie, la douleur et une profonde allégresse. Nous passons cette première année à la grâce de Dieu et de l'adoration. Avec le recul, nous mesurons l'intensité de ce que nous avons vécu ces premiers mois et sommes stupéfaits d'avoir endossé toutes ces difficultés sans que soit jamais altérée, au fond de notre cœur, la joie d'être là.

QUAND VIENT LE SOIR

« Seigneur, j'aime la maison que tu habites,
le lieu où demeure ta gloire[36]*. »*

Quand les travaux du jardin sont achevés, chacun part vaquer librement à ses occupations. Hélène et Patrick, après avoir répondu à une ou deux demandes plus personnelles de l'un ou l'autre des résidents, rejoignent rapidement leur foyer où ils retrouvent Nicodème qui vient de rentrer de l'école. Ils endossent alors leur rôle plus classique de parents. Ils prennent le temps de s'asseoir un moment autour du goûter, pour échanger quelques mots sur leur journée respective et souffler un peu. Nicodème leur fait part de ses préoccupations de jeune garçon : les parties de foot perdues ou remportées haut la main, les copains de l'école, les activités prévues avec son grand frère Jean ce week-end. Ils profitent de ce moment pour étendre ou plier rapidement du linge, ranger quelques affaires qui traînent par-ci par-là et préparer le dîner.

La lueur du jour baisse doucement. Et, appréciant ce moment de quiétude en famille auprès de leur plus jeune fils, ils restent cependant tous deux en alerte. C'est à cette heure que l'obscurité gagne peu à peu les cœurs et que les vieux démons peuvent ressurgir sans prévenir. Dans la solitude de

36. Ps 25.

leur chambre, face à l'angoisse de la nuit à venir, les habitants du Sycomore sont souvent, en début de soirée, en proie à une grande vulnérabilité. Alors, tout en accordant une attention pleine et entière à Nicodème, une partie de leur cœur demeure auprès de ces pauvres devenus leurs amis, leurs frères et leurs sœurs. Ils sont très souvent désemparés et n'ont pas de solution miracle à proposer à ces amis. Mais ils savent que leur présence et leur amitié, si pauvres soient-elles, sont le seul trésor qu'ils ont à offrir. Souvent, ils contemplent Marie et Jean au pied de la Croix : ils paraissent parfaitement inutiles, dans un dénuement absolu et une inefficacité totale. Et pourtant, la seule chose que Jésus leur demande, mystérieusement, c'est d'être là.

Quand il travaillait encore aux Apprentis d'Auteuil, Patrick avait entendu, un jour, un éducateur dire haut et fort à un jeune qu'il accompagnait : « Je ne suis pas payé pour t'aimer ! » Cette parole, qui avait d'abord profondément attristé Patrick, avait ensuite généré en lui une grande colère. Si, dans le jargon médico-social actuel, on prône « la juste distance », au Village Saint Joseph, on préfère utiliser l'expression de « juste proximité ». Il ne s'agit pas, bien sûr, de se laisser submerger par la souffrance de l'autre. Mais, grâce au Christ, par le Christ, de s'employer chaque jour à l'accueillir et à l'aimer tel qu'il est.

Très souvent leur revient dans le cœur un épisode de la vie de saint Louis-Marie. Un soir, dans une rue de Dinan, il trouve un pauvre lépreux couvert d'ulcères. Il le charge sur son dos, l'emmène au presbytère où se trouvent ses frères prêtres. Il frappe alors à la porte en criant à plusieurs reprises : « Ouvrez la porte à Jésus-Christ ! Ouvrez la porte à Jésus-Christ ! » Au Sycomore, au pied de ce Calvaire érigé par saint Louis-Marie, c'est bien ce mystère de l'accueil de Jésus en la personne du plus pauvre qu'ils sont invités à vivre.

Quand le dîner est prêt et que la table est mise pour tous les trois, Hélène et Patrick regagnent pour la dernière fois de la journée, toujours de ce pas alerte et discret, la chapelle Saint Jean le Bien-Aimé. Ils vont demeurer dans le silence, pendant un moment encore, les yeux rivés sur la lumière du monde.

Celle qui leur apprend à aimer toujours plus.
Celle qui les sauve.
Celle qui les aide à vivre.
Celle qui renouvelle comme au premier jour la tendresse et l'amour qu'ils ont l'un pour l'autre.
Celle qui élève les humbles, renvoie les riches les mains vides.
Celle pour laquelle ils ont déjà tout perdu mais gagné un trésor.
Celle qui veille secrètement sur cette maison et la bénit.
Celle qui la protège des ténèbres et de l'obscurité.
Celle qui fait briller le jour tout autant que la nuit.

Table des matières